Johann Wolfgang Goethe
Reise-Tagebuch 1786
(Italienische Reise)

Johann Wolfgang Goethe
Reise-Tagebuch 1786
(Italienische Reise)

Herausgegeben von
Konrad Scheurmann und Jochen Golz
mit Transkription von
Wolfgang Albrecht

Verlag Philipp von Zabern
Mainz 1997

Eine Publikation des
Arbeitskreises selbständiger Kultur-Institute e.V. – AsKI, Bonn
und der Stiftung Weimarer Klassik, Weimar,
aus Anlaß der Eröffnung der vom AsKI getragenen
Casa di Goethe, Via del Corso 18, Rom.
Das Erscheinen der Faksimile-Ausgabe
verdankt sich der großzügigen finanziellen Förderung
von Frau Herta Klier-Gumprecht

Vorbemerkungen der Herausgeber

Der Entschluß, das Faksimile dieser besonderen und einmaligen Handschrift Goethes herauszugeben, wird von dem Wunsch der Herausgeber getragen, das Außergewöhnliche des Manuskripts, seinen Geist und den Zauber des Authentischen einem breiten Leserkreis zu erschließen, ihm die Faszination des Originals so weitgehend getreu wie möglich zu vermitteln und ihn an der Aura des Objekts teilhaben zu lassen. Wenn dieser Entschluß dann noch von einem Anlaß getragen und beflügelt wird, der sich auf den Inhalt der Schrift, ihren Autor und ihre »Geschichte« bezieht, dann fügen sich mehrere Elemente glücklich zusammen.

Die vorliegende Faksimile-Ausgabe von Goethes Tagebuch seiner Reise von Karlsbad bis Rom, das er seiner fernen Geliebten Frau v. Stein zugedacht hat, erscheint zur Eröffnung der Casa di Goethe in der Via del Corso 18 in Rom, die als ein neues Ausstellungs- und Veranstaltungsinstitut zu Leben, Werk und Rezeption Goethes in jenen Räumen beheimatet ist, in denen Goethe 1786–1788 bei Johann Heinrich Wilhelm Tischbein zu Gast war; Rom – Zielort einer Sehnsucht, die Goethe seit seiner Jugend erfüllte und somit gleichsam »Endpunkt« einer Reise, die ihn in einer besonderen Weise hat nach Hause kommen, zu sich kommen lassen.

Das Reise-Tagebuch 1786, wie Goethe es selbst bezeichnet hat, beschreibt nur seinen Reiseweg nach Italien. Mit Erreichen Roms endet es und setzt sich in gewisser Weise in den Briefen an die Familie, an Freunde und den Landesherrn in Weimar fort, die der Autor jedoch diesem Manuskript nicht beigegeben hat. Sie konnten deshalb auch nicht in die Faksimile-Edition einbezogen werden.

Das Tagebuch der Reise nach Italien ist eine Ikone der deutschen und europäischen Literatur- und Kulturgeschichte. In seiner befreiten und beschwingten Atmosphäre vermittelt es nicht nur ein stimmungsvolles Bild von Goethes Begegnung mit Italien, sondern auch den kreativen Impuls, den er dort empfängt und der jene Epoche in seinem Werk einleitet, die mit dem Begriff Deutsche Klassik in die Literaturgeschichte eingegangen ist. Die Ausstrahlung des Manuskripts geht jedoch weit über seine literatur- und kunsthistorische und seine naturgeschichtliche Bedeutung hinaus. Es wirkt auf anderer, auf emotionaler Ebene fort. Es hat Schule gemacht, Nachahmer und Interpreten gefunden, zur realen oder auch nur geistig gefaßten Nachfolge angeregt. Denn neben den literarischen Wirkungen, die ja erst im späteren Schaffen Goethes nachzuweisen sind, verbindet sich mit der Reise Goethes unmittelbar das Bild des sich befreienden Menschen, der sich von allen Bindungen und Fesseln löst, unbeschwert seiner Neigung folgt und sich einen Traum erfüllt. Einen Teil seiner Aura verdankt das Reisetagebuch dieser Sehnsucht und Nachahmung stiftenden Kraft.

Dieser Empfindung in körperlich-sinnlicher Weise neue Nahrung zu geben, dient das Faksimile. Wenn schon nicht das Original berührt werden kann, das es zu schützen gilt, dann kann das annähernde Original dazu verhelfen, sich dem Geist und der sehnsuchtsvollen Liebe des Autors nahe zu fühlen, kann es als Wegbegleiter einer eigenen Reise dienen.

Doch nicht nur an die Liebhaber Goethes wendet sich diese Ausgabe, ganz wesentlich richtet sie sich auch an Wissenschaft und Forschung. Mit der Vervielfältigung der Handschrift in nahezu originaler Qualität bieten die Herausgeber dieser Zielgruppe ein Handwerkzeug, das die Auseinandersetzung mit der Wirkungsgeschichte des Textes erleichtern und motivieren dürfte.

Daß diese Ausgabe überhaupt realisiert werden konnte, verdankt sich der großzügigen Spende einer engagierten Verehrerin Goethes und gleichzeitiger Förderin der Casa di Goethe in Rom. Frau Herta Klier-Gumprecht sei an dieser Stelle aufs herzlichste im Namen der Casa di Goethe und im Namen aller Leser und Sammler Goethescher Schriften gedankt.

Ein Dank gilt allen, die an der Realisierung der Publikation beteiligt waren und, motiviert durch das Einmalige des Projekts, zur Schaffung höchster Qualität angespornt wurden.

Dankbar hingewiesen sei auf die Bereitschaft des Metzler-Verlags, Stuttgart und Weimar, die Transkription von Dr. Wolfgang Albrecht, die eigentlich für die Edition der Tagebücher Goethes in diesem Verlag erstellt wurde, für diese Faksimile-Ausgabe freizugeben.

Konrad Scheurmann

Als Goethe am 3. September 1786 von Karlsbad aus zu seiner Reise nach Italien aufbrach, die ihn innerhalb weniger Wochen nach Rom, an den vorläufigen Endpunkt, führte, wußte mit Ausnahme seines Dieners Philipp Seidel niemand um das Ziel der Unternehmung. Die notwendigen Abschiedsbriefe wurden erst unmittelbar vor Reisebeginn geschrieben, und auch sie enthielten keine genauen Auskünfte über das Ziel. Offensichtlich, so das landläufige Urteil, muß es sich um eine überstürzte Flucht gehandelt haben.

Um eine Flucht handelte es sich in der Tat. Goethe entfloh Weimarer Verhältnissen, die sich ihm in mannigfacher Hinsicht zusehends als hemmend und bedrückend erwiesen hatten. Gleichwohl kann von überstürztem Aufbruch nicht gesprochen werden. Denn nicht nur hatte die Reise selbst Vorbereitungen erfordert, die so rasch nicht zu bewerkstelligen waren, der Fluchtpunkt selbst, Italien, stand Goethe im Innern seit langem vor Augen, und zweimal bereits, 1775 und 1779, hatte er vom Gotthard-Paß aus das ferne, nahe Land wahrgenommen, jedesmal aber den Rückweg nach Deutschland angetreten. Nunmehr jedoch, im Herbst 1786, sah er sich innerlich und äußerlich für die große Reise disponiert.

In mehrfacher Hinsicht hatte Goethe bereits Italien als das Land seiner Sehnsucht erfahren. Umgeben im Elternhaus von »römischen Prospekten«, vertraut mit des Vaters italienischer Beschreibung des Reiselandes, war Goethe von Kindheit an mit der Kunst- und Bildungswelt Italiens bekannt geworden, hatte sich ihm die Hoffnung mitgeteilt, in diesem Lande einer universellen Ausbildung seiner Kräfte teilhaftig werden zu können. Zugleich war ihm durch des Vaters Reise die Italientour als die große Bildungsreise eines Mannes von Welt vorgegeben worden, wie sie seit dem 16. Jahrhundert von Standespersonen sowie von zahlreichen prominenten Künstlern, Gelehrten und Schriftstellern unternommen worden war. Nicht wenige von ihnen hatten von solchen Reisen tagebuchartige Aufzeichnungen hinterlassen. In diese Tradition sollte sich auch Goethe einreihen.

Sosehr Goethe aber den Aufbruch nach Italien im Rückblick als Ausdruck »höchster Notwendigkeit« begriff, so schwer wurde es ihm, den Weimarer Vertrauten seine Beweggründe begreiflich zu machen. Konnte er im Falle des Herzogs Carl August auf großherziges Verstehen und Verzeihen hoffen – eine Hoffnung, die sich aufs schönste erfüllte und Goethe zu lebenslanger Dankbarkeit Anlaß gab –, konnte er es Johann Gottfried und Caroline Herder gegenüber mit ermunterndem Zuspruch bewenden lassen, so erwies sich der zeitweilige Abschied von Charlotte von Stein als ebenso inspirierend wie konfliktträchtig.

»Liebe mich herzlich und mit Freude mein ganz Gemüth ist dein. Du hörst bald von mir, Adieu«. So endet Goethes am 1. September geschriebener Abschiedsbrief an die Geliebte. Daß diese Goethes Flucht letztlich als Vertrauensbruch und Zeichen dauernder Trennung empfand, kann nicht verwundern. Goethe selbst aber wollte die Bindung an die geliebte Frau nicht aufgeben. Zeugnis davon legt vor allem sein »Reise-Tagebuch 1786« ab, dem die ersten Herausgeber bereits den Titel »Tagebuch der Italiänischen Reise für Frau von Stein« gegeben hatten und das zu den kostbarsten Lebensdokumenten zählt, die in des Dichters Nachlaß im Goethe- und Schiller-Archiv in Weimar aufbewahrt werden.

Blickt man auf die seit der Antike bezeugte diaristische Überlieferung, so stehen Goethes Aufzeichnungen in einer doppelten Tradition. Vornehmlich in den ersten Reisewochen besitzen diese Notizen protokollartigen Charakter, werden Beobachtungen aus Natur, Kunst und Gesellschaft sachlich festgehalten. Damit bewegt sich der Diarist in den Bahnen des traditionellen Reisejournals, wie es, längst nicht immer mit künstlerischem Anspruch, von Reisenden aller Art seit der Antike geführt worden war. Daneben aber treten alsbald vertrauliche Bekundungen. Aufgenommen wird darin die Tradition des intimen Bekenntnistagebuchs. Mit großer, zu Herzen gehender Intensität sucht Goethe den Dialog mit der Geliebten fortzuführen, ihr nicht nur ein anschauliches Bild von Italien zu vermitteln, sondern sie an seinen Gedanken und Gefühlen teilhaben zu lassen. Sie sollte ihm das bleiben, was sie lange gewesen war: Geliebte, Vertraute seiner Seele, Partnerin im Geistigen.

Auf die Anlage seines Tagebuchs verwendete Goethe große Sorgfalt. Die einzelnen, eigenhändig paginierten Stücke folgen in ihrem Aufbau den Hauptetappen der Reise. Da Goethe sich erst unterwegs mit Papier bevorratete, weisen die Stücke unterschiedliche Papierqualität und Differenzen im Quartformat auf; die Stücke 3–5 sind schmaler als die Stücke 1 und 2. Auch sind nicht alle Blätter beschrieben, weil der Umfang der Aufzeichnungen sich nicht vorher abschätzen ließ. Goethe versah die einzelnen Stücke jeweils mit Überschriften und schickte sie erst von Rom aus in zwei Sendungen an Frau von Stein. Zum Tagebuch selbst gehören auch eine Reihe von Zeichnungen. Einige nur finden sich im Text selbst. Die meisten sind auf Extrablättern überliefert und heute nicht mehr der Handschrift zugehörig. Anfangs hatte Goethe auf diese Zeichnungen durch Nummern im Tagebuchtext hingewiesen. Was sich an Einzelblättern in der Handschrift findet, sind der zum dritten Stück gehörende »Vergleichungs Kreis der italiänischen und teutschen Uhr« und ein Entwurf dazu; beide Zettel wurden ihres Formats wegen nicht mitgeheftet und -gebunden. Heute sind die fünf Tagebuchstücke in einem braunbeige marmorierten Pappeinband zusammengebunden. Auf dem Rücken zwischen horizontalen Zierleisten steht in Golddruck »Italiänische/Reise./1786.« Es muß offen bleiben, ob die Bindung noch zu Goethes Lebzeiten oder erst nach Goethes Tod erfolgt ist.

Die einzelnen Blätter hat Goethe anfangs in der Mitte gebrochen und, der Journaltradition folgend, nahezu ausschließlich nur die rechte Hälfte beschrieben: die linke war Ergänzungen und Korrekturen vorbehalten. Vom dritten Stück an nutzte der Dichter die volle Papierbreite. Die Aufzeichnungen, durchweg eigenhändig, wurden mit schwarzer oder bräunlicher Tinte vorgenommen. Gelegentlich finden sich mit Tinte nachgezogene Bleistiftpassagen, an einigen Stellen auch Bleistiftaufzeichnungen.

Der Goethesche Duktus ist frei und großzügig. Man glaubt seinen Schriftzügen die innere Befreiung anzusehen, die das Italienerlebnis für ihn bedeutete, und man merkt der Ausführung die behutsame Fürsorge an, der fernen Freundin in Weimar ein schön gestaltetes Zeugnis seiner Liebe zuzueignen. Daß dieses in seiner Unmittelbarkeit ergreifende Dokument

1789 wieder in den Besitz des Dichters gelangte und erst überarbeitet in der Zweiten Abteilung von „Aus meinem Leben" 1816 ans Licht der Öffentlichkeit trat, gehört in die Geschichte einer Lebensbeziehung, die hier nicht weiter nachgezeichnet werden kann.

Jochen Golz

Vorbemerkung zur Transkription

Das »Reise-Tagebuch 1786« ist nach dem Leitprinzip buchstabengetreuer Wiedergabe des handschriftlichen Textes transkribiert. Und zwar des Textes auf der jeweils letzten Stufe seiner Niederschrift. Varianten (Veränderungen und Korrekturen) werden nicht mit vermerkt, wohl aber Lücken und Zwischenräume im fortlaufenden Text. Abkürzungen sind beibehalten, hingegen Verschleifungen am Wortende ausgeschrieben. Unterstrichenes, einschließlich weniger Doppel- und einmaliger Dreifachunterstreichung, ist gesperrt.

In der Konsequenz des Leitprinzips liegt es, Verschreibungen und Versehen sowie Wortverdoppelungen zu reproduzieren. Um zumindest eine kleine Lesehilfe zu geben, sind fehlende Buchstaben oder nötigenfalls die korrekten Wortformen ergänzt zwischen spitzen Klammern: ⟨ ⟩. Gleicherweise sind – zwecks besserer Orientierung – die Seitenwechsel markiert und die Seitenzahlen des Faksimilebandes angegeben.

Abweichungen vom Leitprinzip schienen in vier Fällen vertretbar und angebracht: bei den Geminationsstrichen über m und n, an deren Stelle Doppelschreibung (mm, nn) erfolgt; bei den Tremata über y/Y, die weggelassen wurden; bei den doppelten Trenn- und Bindestrichen, die zu den heute geläufigen einfachen umgewandelt wurden; beim zeitüblichen Zeichen für die Maßeinheit Pfund, für das »Pf.⟨und⟩« steht.

Die Transkription erfolgte eingedenk dessen, daß sich über solche Veränderungen streiten läßt – mehr noch aber über bestimmte einzelne Lesungen. Denn einige Buchstaben (d und h vor allem) sind nicht immer eindeutig als groß oder klein geschrieben erkennbar, und die Differenz zwischen ck und k verschwimmt in Goethes Handschrift. Über die Groß- und Kleinschreibung kurzweg nach Wortart und Wortstellung (Satzanfang) zu entscheiden verbot sich, da Goethe durchaus den zeitgenössischen Schwankungen unterliegt; beim geringsten Zweifel wurde deshalb von einer Normierung abgesehen. Hinsichtlich des ck obwaltet in früheren Editionen, beginnend mit der Weimarer Ausgabe (*Goethes Werke. Hrsg. im Auftrage der Großherzogin Sophie von Sachsen. Abtheilung III, Bd. 3. Weimar 1887*, S. 143-331), ein Mechanismus, der nicht wiederholt werden konnte und sollte.

Als einer größeren Übersichtlichkeit dienlich möge man akzeptieren, daß zwischen den einzelnen Tageseintragungen jeweils eine Leerzeile eingefügt wurde.

Die vorliegende erste Faksimile-Ausgabe des »Reise-Tagebuchs 1786« zu kommentieren, war von vornherein nicht beabsichtigt. Wer an einem durchgehenden Zeilenkommentar und auch an einem Variantenapparat interessiert ist, sei auf folgende andere Edition verwiesen: *Johann Wolfgang Goethe. Tagebücher. Historisch-kritische Ausgabe. Bd. I/1: 1775 bis 1787 – Text; Bd. I/2: 1775 bis 1787 – Kommentar. Bearbeitet von Wolfgang Albrecht und Andreas Döhler. Stuttgart und Weimar 1997.*

Weimar, im Januar 1997 Wolfgang Albrecht

Reise-Tagebuch
erstes Stück.

von Carlsbad auf den Brenner
in Tyrol.

1786.

Stationen von Carlsbad
bis auf den Brenner in Tyrol,
zurückgelegt vom 3. Sept bis den 8ten.
1786.

Nahmen und Entfernung.	Post.		Angek.	Abgefahren
		3.		
Tzwoda	$1\frac{1}{2}$		halb 8. Früh.	bald.
Eger	$1\frac{1}{2}$		12. Mitt.	2.
Tischenreuth	$1\frac{1}{2}$		5.	gleich
Weyden	2		9.	gleich
		4.		
Wernberg	1		1.	———
Schwarzenfeld	$1\frac{1}{4}$		$2\frac{1}{2}$	———
Schwandorf	1		$4\frac{1}{2}$	———
Bahnholz	$1\frac{1}{4}$		$7\frac{1}{2}$	———
Regenspurg.	$1\frac{1}{4}$		10.	
		5.		$12\frac{1}{2}$ Mittag
Saal	$1\frac{1}{2}$		3.	$3\frac{1}{2}$
Neustadt	$1\frac{1}{2}$		6.	gleich
Geisenfeld	$1\frac{1}{2}$		8.	———
Pfaffenhofen	$1\frac{1}{2}$		10.	———
Unterbrück	$1\frac{1}{2}$		2.	———
		6.		
München	2		6 früh.	
	$21\frac{3}{4}$ P			

Nahmen und Entfernung	P.		Angekomm.	Abgefahren.
		7.		
Wohlfahrtshausen	2.		9 früh.	bald
Benedicktbeyern	2.		1 ½	gleich
Wallensee	1 ½		4 ½	gleich
Mittelwald	1 ½		7 ½	
		8		6 Uhr früh.
Seefeld	1		8 ½	
Insprucck	1 ½		11.	2.
Schemberg	1.		4.	
Steinach	1		5 ½	
Brenner	1		7 ½ Abends.	
		9.		7 Uhr Abends
	12 ½			
	Lat 1. 21¾			
	P. 34 ¼			

1 7 8 6 .

d . 3 S e p t früh 3 Uhr stahl ich mich aus dem Carlsbad weg, man hätte mich sonst nicht fortgelassen. Man merckte wohl daß ich fort wollte; die Gräfinn L. setzte auch einen entsetzlichen Trumpf drauf; ich lies mich aber nicht hindern, denn es war Zeit. Ich wollte schon den 28ten. das ging aber nicht, weil an meinen Sachen noch viel zu thun war.

Um halb 8 in Zwota schöner stiller Nebelmorgen. No. 1.

um 12. in Eger bey heisem Sonnenschein. Der Morgen war bedeckt gewesen, die oberen Wolcken streifig und wollig, die unteren schwer; es hielt sich das Wetter bey Süd West Wind. Gedancken darüber. Das Wetter gab schon den 2ten gute Anzeichen. Siehe das weitere in der Note a fol.

Ich fand daß Eger dieselbe Polhöhe wie Franckfurt hat und freute mich einmal wieder nahe am 50 Grade zu Mittag zu essen. Von Karlsbad bis Zwota der q u a r z h a f f t e S a n d - s t e i n ; der Weg nach Maria Culm geht auf einem aufgeschwemmten Gebirg hin. Bis Eger Plaine und Feldbau.

⟨8⟩ In Bayern stößt einem gleich das Stifft Waldsassen entgegen, ein köstlich Besitzthum derer die früher als andre klug waren. Es liegt in einer fruchtbaren Teller- |: um nicht zu sagen Kessel :| Vertiefung, in einem schonen Wiesengrunde, rings von fruchtbaren sanften Anhöhen umgeben und hat im Lande weit Besitzungen. Der Boden ist aufgelöster Thonschiefer, den der Quarz, der sich im Thonschiefer befand und nicht aufgelöst ist, locker macht. Es liegt zwar noch hoch aber anmutig und die Felder sind fruchtbar.

Bis gegen Tischenreuth steigt das Land noch, die Waßer fliesen einem entgegen, nach der Eger und ⟨9⟩ Elbe zu; von Tischenreut an fällt nun das Land südwärts ab und die Wasser lauffen nach der Donau.

Tischengreut um fünfe. Treffliche Chaussee von Granitsand, es läßt sich keine vollkommner dencken. Die Gegend durch die sie geht desto schlechter, auch Granitsand, flach liegend, moorig pp. Da nunmehr gute Chaussee ist und das Land abfällt, kommt man mit unglaublicher Schnelle fort, die gegen den böhmischen Schneckengang recht absticht. Ich war halb neun in Weyda, Nachts 1 Uhr in Wernberg, halb dreye Schwarzenfeld, halb fünfe

Schwandorf, halb achte Bahnholtz, um zehen in Regenspurg und hatte also diese $12\frac{1}{4}$ Posten oder $24\frac{1}{2}$ Meile in 31 Stunden zurückgelegt.

⟨10⟩ Von Schwandorf gegen Regenstauff zu, da es anfing Tag zu werden, bemerckte ich die Veränderung des Ackerbodens ins bessere. Den Regenfluß herauf, hatte, in uralten Zeiten, Ebbe und Fluth aus der Donau gewürckt und so diese natürlichen Polder gebildet, die wir nun benutzen. Es ist dieses in der Nachbarschafft aller grosen Flüsse bemercklich. Ich glaube ich habe dir schon davon gesprochen.

Regenspurg liegt gar schön, die Gegend mußte eine Stadt hierher locken. Auch haben sich die Geistlichen Herrn wohl possessionirt; alles Feld um die Stadt gehört ihnen, und in der Stadt steht Kirche gegen ⟨11⟩ Kirche und Stifft gegen Stifft über.

Die Donau hat mich an den alten Mayn erinnert. Bey Franckfurt präsentirt sich Fluß und Brüke besser, hier sieht aber das gegenüberliegende Stadt am Hof recht artig aus.

Die Jesuiten Schüler gaben heut ihr iährliches Schauspiel, ich besuchte es gleich, sah den Anfang des Trauerspiels und das Ende der Oper. Sie machten es nicht schlimmer als eine angehende Liebhaber Truppe. Und waren recht schön, fast zu prächtig gekleidet. Auch dies und das Ganze, wovon einmal mündlich, hat mich von der Jesuiten groser Klugheit auf's ⟨12⟩ neue überzeugt; und es ist nicht Klugheit, wie man sie sich in Abst⟨r⟩acto denckt, sondern es ist eine Freude an der Sache dabey, ein Mit und Selbstgenuß, wie er aus dem Gebrauch des Lebens entspringt. Wie freut michs daß ich nun ganz in den Catholicismus hineinrücke, und ihn in seinem Umfange kennen lerne.

Wärest du nur mit mir, ich wäre den ganzen Tag gesprächich, denn die schnelle Abwechslung der Gegenstände giebt zu hundert Beobachtungen Anlaß. Offt wünsch ich mir Fritzen und bin und bleibe allein.

Wie glücklich mich meine Art die Welt anzusehn macht ist unsäglich, und was ich täglich lerne! und wie doch mir fast keine ⟨13⟩ Existenz ein Räthsel ist. Es spricht eben alles zu mir und zeigt sich mir an. Und da ich ohne Diener bin, bin ich mit der ganzen Welt Freund. Jeder Bettler weist mich zu recht und ich rede mit den Leuten die mir begegnen, als wenn wir uns lange kennten. Es ist mir eine rechte Lust.

Heute schreib ich dir accurat unterm 49ten Grade und er laßt sich gut an, der Morgen war kühl und man klagt auch hier über Nässe und Kälte, aber es war ein herrlicher gelinder Tag, und die Luft die ein groser Fluß mitbringt ist ganz was anders.

Das Obst ist nicht sonderlich, doch leb ich der hoffnung ⟨14⟩ es wird nun kommen und werden. Auch habe ich einem alten Weibe, das mir am Wasser begegnete, für einen Kr Birn abgekauft und habe solche wie ein andrer Schüler publice verzehrt. Nun gebe Gott bald Trauben und Feigen. Ein Grundriß von Regensb. und das Jesuitenspiel sollen hier beyliegen.

NB. Jesuiten kirchen, Türme, Dekoration überhaupt! Etwas groses in der Anlage, das allen Menschen insgeheim Ehrfurcht einflöst. Gold, Silber Metall und Pracht, daß der Reichthum die Bettler aller Stände blenden möge, und hie und da etwas abgeschmacktes, daß die Menschheit versöhnt und angezogen werde. Es ist dies überhaupt der Genius des Catholischen äussern Gottesdiensts, noch hab ich's aber nicht mit so viel Verstand, Geschick und Geschmack und soviel Consequenz ausgeführt gesehn, als bey den Jesuiten und alle ihre Kirchen haben eine Ubereinstimmung. In der Folge mehr.

Wie sie nicht die alte, abgestümpfte Andacht der andern Ordensgeistlichen fortgesetzt haben sondern mit dem Genio Säkuli fortgegangen sind.

⟨15⟩ Regensb. d. 5. Sept.
Vom Carlsb. hatte ich nur einen Mantelsack und Dachsranzen mitgenommen, und für meine Garderobe wäre es überflüssich, da ich aber soviel Bücher und Papiere mit habe, so war es zu beschweerlich. Nun hab ich mir ein Coffregen gekauft das mich recht freut. Auch ists recht gut daß ich allein bin, denn gewiß man wird durch anhaltende Bedienung vor der zeit alt und unfähich. Jetzt freut mich alles mehr, und ich fang in allem gleichsam wieder von vorne an.

Gewiß ich hoffe auf dieser Reise ein Paar Hauptfehler, die mir ankleben, loszuwerden.

An der Donau gezeichnet. No. 2.

⟨16⟩ um halb zwölfe.

Ich muß nun machen daß ich wegkomme! Ein Ladenbedienter, aus der Montagischen Buchhandlung, hat mich erkannt, der in der Hofmannischen ehmals stand. So muß dem Autor nichts guts von den Buchhändlern kommen. Ich hab es ihm aber grade in s Gesicht, mit der größten Gelassenheit, geläugnet daß ich's sey.

Den Pastor Schäfer hab ich gesehen und sein Cabinet, unter dem angenommenen Nahmen Möller, den ich auch behalten werde. Nun leb wohl ich setze mich auf nach München.

Ein sonderbar Gestein wird hier verarbeitet, zu Werckstücken, eine Art Todtliegendes, doch von dem, was ich für älter und ursprünglich erkenne.

⟨17⟩ Es ist grünlich, mit Quarz gemischt, löchrich und finden sich grose Stücke des festesten Jaspis drin, in welchem wieder kleine runde Fladen von Todt liegendem sich befinden. Ein Stück war gar zu apetitlich, der Stein aber zu fest. und ich habe geschworen mich nicht auf dieser Reise mit Steinen zu schleppen.

⟨18⟩ d 5ten halb 1 Mittag von Regensb. Schöne Gegend bey Aburg wo die Donau sich an Kalckfelsen bricht, bis gegen Saale.

Es ist der Kalck wie der bey Osterode am Harz. Dicht aber im Ganzen Löchrich.

3 Uhr in Saale, No 2b.

Halb 4 von Saale, um sechs in Neustadt,

Geisenfeld um achte,

Pfaffenhofen um 10 Uhr,

d 6. S. Unterbrück um 2.,

München um 6 in der Frühe.

Abends um sechse. nun ist mein Münchner Pensum auch absolvirt, diese Nacht will ich hier schlafen und Morgen früh weiter. Du siehst ich richte mich eilig ein, und will und muß nun einmal diese Manier versuchen, um von der alten hockenden und schleichenden ganz abzukommen.

Ich habe die Bildergallerie gesehn und mein Auge wieder an Gemälde gewöhnt. ⟨19⟩ Es sind treffliche Sachen da. Die Scizzen von Rubens zu der Lüxenburger Gallerie sind herrlich. Das vornehme Spielwerck, die Colonna Trajana im Modell, die Figuren verguldet Silber auf Lapis lazuli, |: ich glaube Archenholz spricht davon :| steht auch da. Es ist immer ein schön Stück Arbeit.

Im Antiquario, oder Antiken Cabinet, hab ich recht gesehen daß meine Augen auf diese Gegenstände nicht geübt sind, und ich wollte auch nicht verweilen und Zeit verderben. Vieles will mir gar nicht ein.

Ein Drusus hat mich frappirt, die zwey Antoninen gefielen mir und so noch einiges. ⟨20⟩ Sie stehen auch unglücklich, ob man gleich recht mit ihnen aufputzen wollen, und als Ganzes der Saal, oder vielmehr das Gewölbe, ein gutes Ansehn hätte, wenn es nur reinlicher und besser unterhalten wäre.

Im Naturalienkabinet fand ich schöne Sachen aus Tyrol, die ich aber durch Knebeln schon kannte. Apropos von Knebeln! Ihm gefiel im Äntikensaal ein Julius Cäsar so wohl, der, |: ich müßte mich entsezlich betrügen :| gar nichts taugt, allein ich finde eine frappante Ähnlichkeit der Büste mit Knebeln selbst. Die Ubereinstimmung des Charackters hat also den Mangel der Kunst ersetzt.

⟨21⟩ Ich wohne auch hier in Knebels Wirthshaus, mag aber nicht nach ihm fragen, aus Furcht Verdacht zu erwecken oder dem Verdacht fortzuhelfen. Niemand hat mich erkannt und ich freue mich so unter ihnen herum zu gehen.

Bey Kobeln war ich, fand ihn aber nicht zu Hause. Sonst hatt ich den Spas einige die ich dem Nahmen nach kannte, und ihr Betragen zu sehen.

Uberhaupt da ich nun weis wie es allen Ständen zu Muthe ist und niemand seinen Stand verbergen kann und will; so hab ich schon, das phisiognomische abgerechnet, einen grosen Vorsprung, und es ist unglaublich wie sich alles auszeichnet.

Herder hat wohl recht zu sagen: daß ich ein groses Kind bin und bleibe, und ietzt ist mir es so wohl daß ich ohngestraft meinem kindischen Wesen folgen kann.

Morgen geht es grad nach Inspruck! Ich lasse Salzburg, wovon ich dir sogerne erzählt hätte, um den reisenden Franzosen auszustechen, das Zillerthal, mit seinen Turmalinen, die Berg- ⟨22⟩ wercke von Schwaz, die Salinen von Halle! Was lass ich nicht alles liegen? um den Einen Gedancken auszuführen, der fast schon zu alt in meiner Seele geworden ist.

Heute früh fand ich eine Frau die Feigen verkaufte auf einer Gallerie des Schlosses, sogleich wurden ihrer gekauft und obgleich theuer. drey Kreutzer das Stück, doch die ersten, denen will Gott mehr folgen sollen. Das Obst ist doch auch für d. 48ten Grad nicht übermäsig gut. Man klagt wie überall über Kälte und Nässe. Ein Nebel, der für einen Regen gelten könnte, empfing mich heute früh vor München, den ganzen ⟨23⟩ Tag blies der Wind sehr kalt vom Tyroler Gebirg, der Himmel war bedeckt. Ich stieg auf den Turm von dem sich die Fräulein herabstürzte und sah mich nach den Tyroler Bergen um. Sie waren bedeckt und der ganze Himmel überzogen. Nun scheint die Sonne im Untergehn noch an den alten Turm der mir vor dem Fenster steht. Lebe wohl. Du bist mir immer gegenwärtig und offt regt sich der Wunsch wieder: mögt ich doch Fritzen mitgenommen haben.

Noch eine böse Arbeit steht mir bevor. Nach einer letzten Conferenz mit Herdern, mußt ich die Iphigenie mitnehmen und muß sie nun gelegentlich durchgehn und ihr wenigstens einige Tage widmen. Das will ich auch thun, sobald ich ein Pläzgen finde wo ich bleiben mag.

⟨24⟩ d 7. Sept Abends. Es scheint mein Schutzgeist sagt Amen zu meinem Credo, und ich danck ihm, nicht daß er mir diesen schönen Tag gemacht, sondern daß er mich an diesem Tage hierhergeführt hat. Der Postillon sagte noch zulezt es sey der erste diesen ganzen Sommer. Ich hab eine herzliche, stille danckbare Freude über mein Glück und hoffe es soll nun so fort gehn.

Um 5 Uhr fuhr ich von München weg. Klarer Himmel. An den Tyroler Bergen standen die Wolcken fest und die untern Streifen bewegten sich auch nicht. Der Weg geht an der Iser hin, in der Höhe auf zusammengeschlemmten Kieshügeln, die Arbeit ⟨25⟩ der alten höheren Wasser. Ich sah Knebels Kiesel wieder und begrüste ihn. Die Nebel des Flusses und der Wiesen wehrten sich eine Weile, endlich wurden auch diese aufgezehrt.

Zwischen gedachten Kieshügeln |: die du dir mehrer Stunden lang und breit dencken mußt :| das schönste fruchtbare Erdreich. Siehe rückwärts fol   Vor Wohlfahrtshausen wo ich um 9 Uhr ankam und so den 48 Grad erreichte, muß man wieder an die Iser, man sieht da einen Durchschnitt und Abhang der

Kieshügel, wohl auf 150 Fus hoch. In Wohlf. brannte die Sonne starck. Alle Welt iammert über das böse Wetter und daß der g r o s e G o t t gar keine Anstalten machen will. ⟨26⟩ Nun ging mir die neue Welt auf, ich näherte mich den Gebürgen, sie wurden freyer von Wolcken. Benedikt Bayern liegt köstlich! Wie man es zuerst erblickt, liegts in einer fruchtbaren Plaine, ein lang und breites weises Gebäude und ein breiter hoher Felsrücken darhinter. Dann kommt man zum C o c h l . S e e No 3. dann zum W a l c h e r S e e No 4. zum Cochl. See gehts schon hinauf, der andre liegt noch höher im Gebürge. Wie ich den ersten beschneiten Gipfel sah, griff ich nach dem Hute, doch war es mir unbegreiffl schon so nahe an, den Schneebergen ⟨27⟩ zu seyn. Dann hört ich daß es gestern in dieser Gegend gedonnert geblitzt geregnet und auf den Bergen geschneit hatte.

Es war also der erste Schnee den ich begrüßte.

Die hohen Felsklippen sind alle Kalck, von dem ältesten der noch keine Versteinerungen enthält. Diese Kalckfelsen gehn in ungeheurer ununterbrochner Reihe von Dalmatien bis nach dem Gothart und auch weiter fort. Haquet hat einen grosen Theil der Kette bereist Davon mündlich. Sie lehnen sich an den Granit, Porphyr u. s w. ⟨28⟩ Ich habe nur wenige Stücke eine Art Gneis in den Giesbächen gefunden.

Wallensee halb 5.
Ich war nicht weit von dem Orte, als mir das erste Abenteuergen aufsties. Ein Harfner ging mit seinem Töchtergen einem Mädgen von 11 Jahren vor mir her, und bat mich sie einzunehmen. Ich lies sie zu mir sitzen und nahm sie auf s nächste Dorf mit. Ein artiges ausgebildetes Geschöpf, das weit herumgekommen war, mit seiner Mutter nach Maria Einsiedlen gewallfahrtet und seine Reisen immer zu Fuß ⟨29⟩ gemacht hatte. In München hatte sie bei dem Churfürsten gespielt und überhaupt schon sich vor 21 fürstl. Personen hören lassen. Sie unterhielt mich recht gut. hatte hübsche grose braune Augen eine eigensinnige Stirne, die sie ein wenig hinaufwärts zog. War hübsch und natürlich wenn sie sprach, besonders wenn sie kindisch laut lachte. Wenn sie schwieg, wollte sie was bedeuten und machte mit der Oberlippe eine fatale Mine. Ich schwätzte alles mit ihr durch. Sie war über-

all zu ⟨30⟩ Hause, und paßte gut auf. Einmal fragte sie mich was das für ein Baum sey? Es war ein Ahorn, und der erste den ich auf der ganzen Reise sah. Den hatte sie gleich bemerckt. Es kamen nachher noch mehr. Sie zeigte mir eine neue Haube die sich hatte in München machen lassen und in einer Schachtel mit sich führte.

Es gäbe schön Wetter, wenigstens einige Tage sagte sie. Sie trügen ihr Barometer mit das sey die Harfe; wenn sich der Diskant hinauf stimme, so geb es gutes Wetter, das hab er heute gethan. Ich nahm das Omen an, und hatte noch viel Spas mit ihr ehe wir schieden.

Mittelwald halb 8 angekom.

⟨31⟩ d 8 Sept. Abends
Auf dem Brenner angelangt, gleichsam hierher gezwungen, wie ich mir nur ein Ruheort gewünscht habe. Mein erstes ist dir das Gute des vergangnen Tages mitzutheilen. Es war ein Tag an dem man Jahrelang in der Erinnerung genießen kann.

Von Mittelwald um sechs Uhr, klarer Himmel es blies ein sehr scharfer Wind und war eine Kälte wie sie nur dem Februar erlaubt ist.

Die duncklen mit Fichtenbewachsnen Vorgründe, die grauen Kalckfelsen, die höchsten weisen Gipfel auf dem schönen Himmelsblau, machten ⟨32⟩ köstliche, ewig abwechselnde Bilder.

Bey Scharnitz kommt man in s Tyrol und die Grenze ist mit einem Walle geschlossen der das Thal verriegelt und sich an die Berge anschließt.

Es sieht schön aus. An der einen Seite ist der Felsen befestigt, an der andern geht es steil in die Hohe.

Im Seefeld um halb neun.

Von da wird der Weg immer interessanter. Bisher ging er über die von Benedickt Bayern herauf erstiegne Höhen weg, nun kommt man dem Innthal näher und sieht von oben hinein Intzingen liegen. Die Sonne war hoch und heis. ⟨33⟩ Meine Garderobe, |: eine Veste mit Ermeln und ein Uberrock, :| die auf alle vier Jahrszeiten gerichtet ist mußte gewechselt werden, und sie wird offt des Tags 10 mal gewechselt.

Bey C i r l steigt man in's Innthal herab. Die Lage ist unbeschreibl. schön und der hohe Sonnenduft machte sie ganz herrlich. Ich habe nur einige Striche aufs Papier gezogen, der Postillon hatte noch keine Messe gehört und eilte sehr auf Inspr. es war Marien Tag.

Nun immer an der Inn hinab an der Martins Wand vorbey, einer ⟨34⟩ einer steilabgehenden ungeheuren Kalckwand. Zum Orte wohin Kayser Max sich verstiegen haben soll, getraut ich mir wohl ohne Engel hin und her zu kommen, ob es gleich immer ein frevelhafftes Unternehmen wäre.

Innspruck liegt herrlich in einem breiten reichen Thal zwischen hohen Felsen und Gebirgen.

Ich wollte heute dableiben, aber es lies mir innerlich keine Ruhe.

Ich fand an des Wirths Sohn den leibhaften Söller. So finde ich nach und nach meine Menschen.

Es ist Mariä Geburt. Alle Menschen geputzt und gesund und wohl- ⟨35⟩ häbig wallfahrtend nach W i l d e n das eine Viertelstunde von der Stadt liegt. Von Innsbr. fuhr ich um 2 Uhr ab und war halb achte hier

a u f d e m B r e n n e r

Hier soll mein Rast ort seyn, hier will ich eine Recapitulation der vergangnen sechs Tage machen, dir schreiben und dann weiter gehn.

Von Innspr herauf wirds immer schöner. Da hilft kein Beschreiben.

Man kommt eine Schlucht herauf wo das Wasser nach der Inn zu stürzt Eine Schlucht die unzählige Abwechslungen hat.

⟨36⟩ Bald ist die Seite gegenüber nicht abhängiger als daß nicht noch sollte der Schönste Feldbau drauf geübt werden. Es liegen Dorfgen, Hauser, Hütten, Kirchen alles weis angestrichen zwischen Feldern und Hecken, auf der abhängenden hohen Fläche.

Bald verengt sich s es wird Wiese, steil abfallendes Thal pp.

Zu meiner Weltschöpfung hab ich manches erobert. Doch nichts ganz neues noch unerwartetes. Auch hab ich viel geträumt von dem Model, von dem ich solang rede ⟨37⟩ und an dem ich Euch lieben Layen allein das alles anschaulich machen könnte was immer mit mir herumreist.

Endlich ward es dunckl und dunckler, das Detail verlohr sich und die Massen wurden größer und herrlicher. Endlich da alles nur wie ein tiefes geheimnißvolles Bild vor mir sich bewegte, sah ich auf einmal die hohen Gipfel wieder vom Monde erleuchtet und die Sterne herabblincken.

In Inspr. und der Gegend mögt ich mit dir einen Monat verleben, mit ⟨38⟩ solchem Wetter wie heute versteht sich. Und das Gebürg herauf was ich für Gegenstände vorbeygefahren bin, die dir die größte Freude machen würden, wenn du sie zeichnen könntest. Einige schick ich dir.

Nun bin ich hier, finde ein sehr saubres bequemes Gasthaus; Will ausruhen meine Vergangne Tage überlegen und alles für dich in Ordnung bringen, auch mich zu weiterer Reise zu bereiten.

Von Witterung Not. a.
Von Polhöhe pp S. Note b.
Von Pflanzen N. c.
Von Gebürgen Steinarten Note d.
Von Menschen Note e.

⟨39⟩ d. 9 Sept. 86 Abends.

Da ich meine flüchtige Bemerckungen dieser Tage zusammenbringe, schreibe und hefte; so findet sich's das sie beynahe ein Buch werden, ich widme es dir. So wenig es ist wird es dich erfreuen und wird mir in der Folge Gelegenheit geben besser ordentlicher und ausführlicher zu erzählen. Wir werden nun gerne etwas von diesen Gegenden lesen, weil ich sie gesehn, manches über sie gedacht habe und du sie durch mich genießen sollst. Ich werde so fortfahren von Zeit zu Zeit einen Rasttag zu machen und das Vergangne in Ordnung zu bringen denn in die Weite gehts nicht und man mag zulezt die einzelnen Blätter nicht mehr ansehn.

⟨40⟩ Hier oben in einem wohlgebauten, reinlichen, bequemen Hause seh ich nun noch einmal nach dir zurück. Von hier fliesen die Wasser nach Deutschland und nach Welschland diesen hoff ich morgen zu folgen. Wie sonderbar daß ich schon zweymal auf so einem Punckte stand, ausruhte und nicht hinüber kam! Auch glaub ich es nicht eher als bis ich drunten bin. Was andern Menschen gemein und leicht ist, wird mir sauer gemacht. Lebe wohl!

Gedenck an mich in dieser wichtigen Epoche meines Lebens. Ich bin wohl, freyen Gemüths und aus diesen Blättern wirst du sehn wie ich der Welt genieße. Lebwohl. Der ganze Tag ist mir über diesen Papieren hingegangen.

G

⟨41⟩ Note a.

Gedancken über die Witterung.

Sobald ich die Schäfgen der Obren Lufft sah schon im Carlsbad d. 2 Sept. hatte ich gute Hoffnung, ich schloß daraus: daß die Athmosphäre ihre Elasticität wieder gewinne und im Begriff sey das schöne Wetter wieder herzustellen. Allein ich dachte nicht an das was ich nachher bemerckt zu haben glaube. Nämlich: Daß eine Elastischere Athmosphäre die Wolcken aufzehrt, ihnen den Zusammenhang unter sich benimmt, so daß also die Dünste die vorher Massen weis zusammen gedrängt waren, als Wolcken umherzogen, nur in einer gewissen Höhe über der Erde schwebten, als Regen herab fielen, als Nebel wieder aufstiegen, nunmehr in den ganzen Raum gleichförmig ausgetheilt sind. ⟨42⟩ Da ieder Dunst und Wassertropfen durch Mittheilung der Athmosphärischen Elasticität unendlich elastisch werden, ia ins unendlich kleine getheilt werden kann; so kann auch die Wasser Masse sich in eine weit grösere Höhe austheilen und vor unsern Augen so verschwinden daß sie zuletzt auch nicht den geringsten Dunst bemerckbar laßt. Vielleicht ist das was ich sage was bekanntes, ich setze nur meine Bemerckungen hin, und folgere aus meiner Hypothese.

Wenn eine ungeheure Menge condensirte Dünste aufzulösen sind, wie es diesmal war; so geht es langsam zu, und die obere Lufft, da sie zuerst ihre ⟨43⟩ Elasticität wieder erlangt, fängt zu erst an Schäfgen |: leicht wie gekammte Wolle aneinander gereihte Wölckgen :| zu bilden. An den hohen Gebürgen, die durch die Anziehung die Wolcken halten, fangen diese an, in Grosen, Bergähnlichen über einander gethürmten weißen Massen, festzustehn, indess die Wolcken der untern Athmosphäre als graue Streifen, und in langgedehnten schweeren Formen unter ihnen hinziehen. Vermehrt sich nun immer die Elasticität der

Luft so zehrt sie von oben herein die um die Berge feststehende Wolcken auf und der Wind der vom Berge kommt der vor wenigen ⟨44⟩ Tagen Regen brachte bringt nun gutes Wetter.

Ich sah das Aufzehren einer solchen Wolcke ganz deutlich sie hing am Berge fest, löste sich mit der grösten Langsamkeit auf, kaum daß einige Flocken sichtbar sich ablösten und in die Höhe stiegen die aber auch gleich verschwanden. Und so verschwand sie nach und nach und hinter dem Berge bemerckt ich in der Lufft ganz leichte weisse Streiffgen, die mir zulezt auch aus dem Gesicht kamen.

Ist nun das Wasser so in der ganzen Athmosphäre vertheilt, und noch einigermassen nah an einander so sieht mans an der Luft-Perspecktiv und am Aus- ⟨45⟩ einandergehn der Landschafftsgründe ganz deutlich. Das muß nun als Thau, oder Reif herunter, oder muß sich weiter ausdehnen und verbreiten. Diesmal machte das Wetter um die Tyroler Berge ein gewaltsames Ende mit Donnern, Blitzen und Schneyen; dann hellte sichs aus.

Eben so sah ich den 9ten als die Sonne den Schnee auf den Gipfeln zu schmelzen anfing leichte Schaumstreifen in die Höhe steigen und sich bey einem kalten Mittag Winde weit über den Himmel gegen Norden verbreiten. So ging es immer ⟨46⟩ fort es zog immer mehr weißer Duft von Mittag herauf der ganze Himmel ward bedeckt, und die Sonne endlich verdunckelt, die Dünste verwandelten sich in Wolcken die noch in ziemlicher Höhe schwebten und die Bewohner jammerten daß schon wieder Regen folge.

Nach meiner Theorie fahre ich fort zu erklären. Die Athmosphäre war nun in dieser Gegend fast mit Dünsten gesättigt, sie konnte sie also nicht mehr rein aufzehren, sie mußte also leiden daß die Dünste wieder ⟨47⟩ ein zusammenhangender Dunst und endlich noch verwandter unter sich und Wolcken wurden. Kann nun diese Nacht durch da die Kühlung die Elasticität des Wassers vermindert und die Elasticität der Luft vermehrt, letztere über ersteres Herr werden, so müssen die Wolcken wieder von den Bergen angezogen werden und auch als Wasser niederfallen.

Noch eine Bemerkung. Die Athmosphäre und die Berge ziehen wechselsweise die Dünste ⟨48⟩ an, unter welchen Bestimmungen dies geschieht wird sich erklären lassen. Jetzt nur soviel: Wenn sich die Elasticität der Luft vermehrt, vermehrt sich ihre Anziehungskrafft und die Wolcken verlassen die Berge und werden, wie mehrmals gesagt, von der Luft gehoben und verzehrt, umgekehrt ist die Würckung umgekehrt. Es ist wie mit einem Luft ballon der sich auch wieder hebt wenn die Luft elastischer wird.

⟨49⟩ Ich habe das Wort Elasticität, statt des des in dieser Materie auch gewöhnlichen Wortes Schwere gebraucht, und es ist auch besser. Uberhaupt aber sind meine Kunstwörter nicht die besten, komme ich zurück; so wollen wir meine Bemerkungen und Erfahrungen mit den Grundsätzen der Phisicker ihren Theorien und Erfahrungen zusammen halten. Ich bin leider nicht gelehrt wie du weißt.

⟨51⟩ Note b.

Uber Polhöhe, Clima p.

Ich habe den ganzen Weg mit mir selbst über Polhöhe, Clima und was daran hängt gescherzt, nun darüber auch ein Paar Worte.

Die Polhöhe machts nicht aus, sondern die Bergrücken die von Morgen nach Abend die Länder durchschneiden; diese machen sogleich grose Veränderungen und die Länder die alsdann nordwärts liegen haben davon zu leiden. Die Wittrung dieses Jahr für den ganzen Norden scheint durch die grose Alpenkette auf der ich dieses schreibe, ⟨52⟩ bestimmt worden zu seyn. Hier haben sie den ganzen Sommer Regen gehabt und Südwest und Südost haben von hier den Regen in den ganzen Norden verbreitet. In Italien sollen sie schön Wetter fast zu trocken gehabt haben.

⟨53⟩ Note c.

Uber Pflanzen, Früchte p

Was ich bisher an Früchten angetroffen habe will nichts sagen. Aepfel und Birn hängen schon vor Inspruck im Innthal, Pfirschen Trauben bringen sie aus Wälschland oder eigentlich dem mittägigen Tyrol. Um Inspr. bauen sie Türckisch Korn sehr viel es war eben im ansetzen.

Auch noch ein Gewächs das sie Blende |: Haidekorn an

andern Orten :| nennen, das ein Bräunlich Korn trägt, woraus Mehl gemacht und als Muß oder Knötel gegessen wird.

⟨54⟩ Hinter Inspr. sah ich die ersten Lerchenbäume die hieroben häufich wachsen, und bey Schemberg den ersten Zirbel. Die Pflanzen betr. fühl ich noch sehr meine Schülerschafft.

Bis München sah ich nur die gewöhnlichen. Das hieracium, die blaue Blume die sie bey uns wilden Sellery nennen, die Schaafgarbe, Disteln, was ich von Carlsb beständig sah. Vor München an einem Wassergraben die Federnelcke, eine art niedriger Sonnenblume. Hinter Benedicktb. das Gebürg herauf und am Walchsee andre die ich eingelegt habe und die erste Gentiana ⟨55⟩ immer war es das Wasser in dessen Nähe ich die neuen Pflanzen zuerst fand.

Uberhaupt über den Einfl. der Barometrischen Höhe auf die Pflanzen will ich eine Meynung hersetzen die geprüft werden muß.

Die mehr elastische Lufft würckt auf die Organe der Pflanze und giebt ihr auch alle mögliche Ausdehnung und macht ihre Existenz vollkommner. Ist Feuchtigkeit genug da die in das ausgedehnte Organ eindringen kann; so nährt sich die Pflanze gut und kann sich aufs beste entwikeln, stärker wachsen und sich reichlicher fortpflanzen. Dieser Gedancke ist mir ⟨56⟩ bey einer Weide und Gentiane eingekommen da ich sah daß sie sehr zart waren und von Knoten zu Knoten viel Zwischen raum hatten.

Statt wie Fig 1. waren sie wie Fig 2 gebildet.

Hiervon in der Folge mehr.

NB ich sah auch im Walchen See sehr lange Binsen.

⟨59⟩ Note d.

Von Gebürgen und Steinarten.

Ich habe schon gesagt daß ich bisher die Kalck Alpen durchwandert habe. Sie haben ein Graues Ansehn und schöne sonderbare unregelmäsige Formen ob sich der Fels gleich auch in Lager und Bänke abtheilt. Aber weil auch geschwungene Lager vorkommen und der Fels überhaupt ungleich verwittert; so sehen die Gipfel seltsam aus.

Es war alles Kalck soviel ich bemercken konnte bis herauf. ⟨60⟩ In der Gegend des Sees verändert sich das Gebirg

|: vielleicht früher, das einem Nachfolger zu untersuchen bleibt :| und ich fand Glimmerschiefer stark mit Quarz durchzogen. Stahl-Grün und dunckel Grau. An denselben lehnte sich ein weiser dichter Kalckstein der an den Ablosungen glimmrich war und in grosen Massen die sich aber unendlich zerklüffteten, brach. Oben auf den Kalckstein legte sich wieder Glimmerschiefer auf der mir aber zärter zu seyn schien.

Weiter hinauf zeigte sich ⟨61⟩ eine besondere Art Gneis oder vielmehr eine Granit art die sich zum Gneis anlegt, wie das Stück was ich von der Gegend von Ellenbogen habe. No ist ein schnell aufgenommner Riß des Sees.

Hier oben gegen dem Hause über ist der Fels Glimmer schiefer und die Wasser die aus den nächsten Bergen kommen bringen grauen Kalck wie Glimmerschiefer mit.

Es zeigt sich also daß hier oben nicht ferne der Granitstock seyn muß an den sich ⟨62⟩ das alles anlehnt. Granit selbst habe ich noch nicht gefunden.

Auf der Karte sieht man daß man hier an der Seite von dem eigentlichen grosen Brenner ist von dem aus rings um sich die Wasser ergiesen. Denselben zu umreisen wär eine hübsche Aufgabe für einen jungen Mineralogen.

⟨63⟩ Note e.
Menschen.

Von ihnen kann ich nicht viel als vom Ansehn sagen.

Die Nation ist wacker grad vor sich hin, die Gestalten sich ziemlich gleich, doch wag ich keine Beschreibung der Formen aus dem Stegreif.

Braune wohl geöffnete Augen und sehr gut gezeichnete schwarze Augbrauen bey den Weibern sind mir aufgefallen und dagegen blonde Augbrauen und breite bey den Männern. Die grünen Hüte geben zwischen den Bergen ein fröhlich Ansehn. Sie tragen ⟨64⟩ sie geziert mit Bändern oder breiten Schärpen von Tafft mit Franzen die mit Nadeln gar zierlich aufgehefftet werden, auch hat jeder eine Blume oder eine Feder auf dem Hute.

Dagegen tragen die Weiber weise, baumwollene, zotige, sehr weite Mützen, wie unförmliche Manns Nachtmützen, das ihnen ein ganz fremdes Ansehn giebt.

Ihre übrige Tracht ist bekannt.

Ich habe Gelegenheit gehabt zu sehen was für einen Werth die gemeinen Leute auf ⟨65⟩ Pfauenfedern legen, und wie iede andre bunte Feder geehrt wird, daß ich jedem Reisenden, der Freude machen und statt eines kleinen Trinckgelds ein groses ohne Unkosten geben will, solche Federn mit sich zu führen rathen will. Es versteht sich von selbst daß man sie mit Geschicklichkeit anbrächte.

Reise-Tagebuch
zweytes Stück.

vom Brenner in Tyrol bis Verona

1786

Stationen vom Brenner in Tyrol bis Verona
zurückgelegt vom 9. S. bis d. 14. S.

Nahmen und	Entfernung	angekommen	abgefahren
	9.		
Sterzingen		9 Uhr Nachts	9 ½
Mittenwalde		12.	
	10.		
Brixen		13 ½	
Colmann	iedesmal	5.	
Deutschen	1 Post	7.	gleich
Botzen	die Post	9.	
Brandsol	2 Meilen	11	
Neumarck		1 ½	
Salurn		2 ½	3 ½
Neefes	1 ½	6	
Trient	1 ½	7 ½	
	11.		5 Uhr Abends
Aqua viva	1	6 ½	
Roveredo	1 ½	8 ½	
	12.		4. früh
Porto al Lago di Garda eigentl. Torbole.	2 ½	8.	
	13.		5 früh
Malsesine		7.	
	14.		nach Mitternacht.
Bartolino		10.	gleich.
Verona		2.	

⟨75⟩ Trent d. 10 Sept. Abends 8.
Nun bin ich völlige 50 Stunden am Leben und in steeter Beschäfftigung und Bewegung. Wenn ich mich gehn ließe; schrieb ich dir auch noch wie es mir ergangen ist. Um des morgenden Tags willen ist es aber besser daß ich ruhe und so sollst du Morgen von mir hören. Heute Gute Nacht.

d 11. früh.
Ich fahre in meiner Erzählung fort.

Am 9. Abends als ich mein erstes Stück an dich geschlossen hatte, wollte ich noch die Herberge zeichnen aber es ging nicht, ich verfehlte die Formen ⟨76⟩ und ging halb mismutig nach Hause.

Mein Wirth fragte mich ob ich nicht fortwollte? es sey Mondschein p und ob ich wohl wüßte daß er die Pferde morgen früh brauchte und sie also bis dahin gerne wieder zu Hause gehabt hätte, sein Rath also eigennützig war; so nahm ich doch weil es mit meinem innern Trieb übereinstimmte ihn als gut an, die Sonne lies sich wieder blicken, und es war eine sehr leidliche Lufft.

⟨77⟩ Ich packte ein und um sieben fuhr ich vom Brenner weg. Wie ich gehofft hatte, ward die Athmosphäre Herr der Wolcken und der Abend gar schön.

Der Postillon schlief ein und die Pferde liefen den schnellsten Trab bergunter immer auf dem bekannten Wege fort, kamen sie an ein eben Fleck ging's desto langsamer, er erwachte und trieb und so kam ich sehr geschwind zwischen hohen Felsen, an den treißenden Etsch Fluß hinunter. Der Mond ⟨78⟩ ging auf und beleuchtete ungeheure Gegenstände. Einige Mühlen über dem reißenden Strom waren völlige Everdingen. Wenn ich dir sie nur vor die Augen hätte stellen können.

Um 9 kam ich nach Sterzingen und man gab mir zu verstehen daß man mich gleich wieder weg wünschte, um 12 in Mittelwald war alles im tiefen Schlafe ausser den Postillons um halb 3 in Brixen eben so, daß ich mit dem Tage in Colman ankam. So leid es mir that, diese interessanten Gegenden, mit der entsetzlichen Schnelle, ⟨79⟩ |: die Postillon fuhren daß einem oft Hören und Sehen verging :| und bey Nacht wie der Schuhu zu durchreisen;

so freute mich's doch, daß wie ein Wind hinter mir her blies und mich meinen Wünschen zujagte.

Mit Tags Anbruch erblickt ich die ersten Rebhügel, eine Frau mit Birn und Pfirschen begegnete mir so gings auf Deutschen, wo ich um 7 Uhr ankam und endlich erblickt ich bey hohem Sonnenschein, nachdem ich eine Weile Nordwärts gefahren ⟨80⟩ war, das Thal worinn Botzen liegt.

Von steilen Bis auf eine ziemliche Höhe bebauten Bergen umgeben, ist es gegen Mittag offen, gegen Norden von den Tyroler Bergen bedeckt, eine milde sanfte Luft füllte die Gegend, der Etsch Fl. wendet sich hier gegen Mittag wieder. Die Hügel am Fuß der Berge sind mit Wein bebaut. Uber lange niedrige Lauben sind die Stöcke gezogen und die blauen Trauben hängen gar zierlich und reich von der Decke ⟨81⟩ herunter. Auch in der Fläche des Thals, wo sonst nordwärts Wiesen sind, wird der Wein in solchen eng aneinander stehenden Reihen von Lauben gebaut, dazwischen das Türckische Korn, Ital. Fromentass oder weiter hin Fromentone genannt, das nun immer höher wächst. Sie sprechen es Formentass aus und Formenton ist die Blende deren ich oben gedacht. Ich habe es offt zu 9–10 Fus hoch gesehn. Die zaseliche männliche Blüte ist noch nicht abgeschnitten, wie es geschieht wenn die Befruchtung eine ⟨82⟩ Zeitlang vorbey ist.

Bey heißem Sonnenschein nach Botzen, wo alles von der Messe lebte. Die vielen Kaufmanns gesichter freuten mich beysammen, ihr absichtliches wohlbehägliches Daseyn druckt sich recht lebhaft aus.

Auf dem Platze saßen Obstweiber mit Körben 4 bis 4½ Fus im Durchschnitt, flach, worinn die Pfirschen neben einander lagen, eben so die Birn. Hier fiel mir ein was ich in Regensburg am Fenster des Wirthshauses geschrieben fand

Comme les peches et les Melons
Sont pour la bouche d'un Baron
Ainsi les verges et les batons
Sont pour les fous dit Salomon.

⟨83⟩ Daß ein nordischer Baron dieses geschrieben, ist offenbar und daß er in diesen Gegenden seine Begriffe verändern würde ist auch natürlich.

Die Messe zu Botzen ist starck an Seiden vertrieb, auch Tücher p werden dahin gebracht und was sonst an Leder pp aus den Gebürgen und der Gegend zusammengebracht wird. Auch kommen die Kaufleute vorzüglich dahin ihr Geld einzukassiren.

Ich eilte fort damit mich nicht irgend einer erkennte, und hatte ohne dies nichts da zu thun - Zwar wenn ich es recht gestehe; so ist es der trieb und die Un- ⟨84⟩ ruhe die hinter mir ist; denn ich hätte gern mich ein wenig umgesehen und alle die Produckte beleuchtet die sie hierher zusammenschleppen. Doch ist das mein Trost, alles das ist gewiß schon gedruckt. In unsern statistischen Zeiten braucht man sich um diese Dinge wenig zu bekümmern ein andrer hat schon die Sorge übernommen, mir ists nur jetzt um die sinnlichen Eindrücke zu thun, die mir kein Buch und kein Bild geben kann, daß ich wieder Interesse an der Welt nehme und daß ich meinen Beobach- ⟨85⟩ tungsgeist versuche, und auch sehe wie weit es mit meinen Wissenschafften und Kenntnissen geht, ob und wie mein Auge licht, rein und hell ist, was ich in der Geschwindigkeit fassen kann und ob die Falten, die sich in mein Gemüth geschlagen und gedrückt haben, wieder auszutilgen sind.

Komm ich weiter; so sag ich dir mehr.

Schon jetzt daß ich mich selbst bediene immer aufmercksam, immer gegenwärtig seyn muß, giebt mir diese wenige Tage her eine ganz andre Elasticität des Geistes.

⟨86⟩ Ich muß mich um den Geldkurs bekümmern wechseln bezahlen, notiren, dir schreiben, anstatt daß ich sonst nur dachte, wollte, sann, befahl und dicktirte. Von Botzen auf Trient |: die Stationen siehe fol :| gehts in einem immer fruchtbaren und fruchtbarern Thal hin. Alles was höher hinauf nur zu vegetiren anfängt hat nun hier schon alles mehr Krafft und Leben man glaubt wieder einmal an einen Gott.

NB. arme Frau die mich bat ihr Kind in den Wagen zu nehmen weil ihm der heise Boden die Füße brenne. Sonderbarer Putz des Kindes. Ich redet es Italiänisch an, es sagte daß sie kein Deutsch verstehe.

Die Etsch fließt sanfter, macht an vielen Orten breite Kiese, auf dem ⟨87⟩ Lande nah am Fluß und an den Hügeln ist alles so in einander gepflanzt daß man denckt es müßte eins das andre ersticken. Weingeländer, Mays, Haidekorn, Maulbeerbaume,

Fruchtbäume Nuß und Quittenbäume. Über die Mauern wirft sich der Attich lebhafft herüber, der Epheu wächst in starcken Stämmen die Felsen hinauf und verbreitet sich weit über sie und die Eidexe schlüpft über die Steine weg.

Könnt ich nur mit dir dieser Gegend und Luft geniesen in der du dich gewiß gesund fühlen würdest.

⟨88⟩ Auch was hin und her wandelt erinnert einen an die liebsten Bilder. Die aufgewundnen Zöpfe der Weiber, die blose Brust und leichten Jacken der Manner, die treflichen Ochsen die sie vom Marckte nach Hause treiben, die beladnen Eselgen alles macht einen immer lebenden und sich bewegenden H e i n r i c h R o o s.

Und nun wenn es Abend wird und bey der milden Luft wenige Wolcken an den Bergen ruhn, am Himmel mehr stehn als ziehn, und gleich nach Sonnen Untergang das Geschrille der Heuschrecken laut zu werden anfängt! ⟨89⟩ Es ist mir als wenn ich hier gebohren und erzogen wäre und nun von einer Grönlandsfahrt Von einem Wallfisch fang zurückkäme. Alles ist mir willkomm auch der Vaterländische Staub der manchmal starck auf den Strasen wird und von dem ich nun solang nichts gesehen habe.

Das Glocken oder vielmehr Schellengeläute der Heuschrecken ist allerliebst durchdringend und nicht unangenehm.

Lustig klingts wenn muthwillige Buben mit einem Feld voll Heuschrecken um die Wette pfeifen. Es ist als wenn sie einander würcklich steigerten. ⟨90⟩ Heute ist wieder ein Herrlicher Tag, besonders die Milde der Luft kann ich dir nicht ausdrücken.

Wenn das alles jemand läse der im Mittag wohnte, vom Mittag käme würde mich sehr kindisch halten. Ach was ich da schreibe hab ich lang gewußt, seitdem ich mit dir unter einem bösen Himmel leide, und jetzt mag ich gern diese Freude als Ausnahme fühlen, die wir als eine ewige Naturwohlthat immer genießen sollten.

Das übrige siehe in den angehängten Noten die ich der Bequemlichkeit halber fortsetzen und mit eben den Buchstaben wie beym ersten Stück bezeichnen will.

⟨91⟩ T r i e n t Ich bin in der Stadt herumgegangen die uralt ist und in einigen Strasen neue wohlgebaute Häuser hat. In der Kirche hängt ein Bild, wo das versammelte Concilium einer Predigt des Jesuiten Generals zuhört. Ich mögte wissen was er ihnen vorgesagt hat.

Ich trat in die Jesuiten Kirche, die sich von aussen gleich durch rothe Marmor Pilastres auszeichnet, ein großer Vorhang hängt nahe an der thüre herunter den Staub von aussen abzuhalten, ein eisernes Gitter schliest die Kirche von einer kleinen Vorkirche, so daß man ⟨92⟩ alles sehen, weiter hinein aber nicht kommen kann. Es war alles still und ausgestorben, die Thüre nur auf weil zur Vesperzeit alle Kirchen geöffnet sind. Wie ich so dastehe und über die Bauart, die ich den bekannten Kirchen ähnlich fand nachdachte; kommt ein alter Mann mit einem schwarzen Käppgen auf dem Kopfe das er sogleich abnimmt, und in einem langen schwarzen für Alter vergrauten Rock herein, kniet vor dem Gitter nieder, und steht nach einem kurzen Gebet wieder auf. Wie er sich umkehrt sagt er halb laut für sich: da haben sie nun die Jesuiten ⟨93⟩ herausgetrieben, sie hätten ihnen auch zahlen sollen was die Kirche gekostet hat, ich weis wohl was sie gekostet hat, und das Seminarium wie viele tausende |: indeß war er wieder den Vorhang hinaus, ich trat an den Vorhang sah an der Seite hinaus und hielt mich stille, er war auf der Kirchschwelle stehen geblieben :| der Kayser hats nicht gethan, der Papst hats gethan, fuhr er fort mit dem Gesicht nach der Strase gekehrt und ohne mich zu vermuthen. Erst die Spanier, dann wir, dann die Franzosen |: er nannte noch einige :| ⟨94⟩ Abels Blut schreyt über seinen Bruder Kain! – und so ging er die Treppe hinab immer mit sich redend die Straße hin.

Ich vermuthe daß es entweder selbst ein Jesuite, oder einer den sie erhalten war und der über den ungeheuern Fall des Ordens den Verstand mag verlohren haben, der nun jetzt kommt in dem leeren Gefäß die alten Bewohner zu suchen und nach einem kurzen Gebet ihren Feinden den Fluch zu geben.

⟨95⟩ Mein Begleiter zeigte mir mit Verwundrung ein Haus das man das Teufels haus nennt wozu in einer Nacht der Teufel die Steine nicht nur hergebracht sondern es auch aufgebaut haben soll. Das Teuflischte daran bemerckte er aber nicht das ist: daß es das einzige Haus von einem guten Geschmacke ist das ich in

Trient gesehn habe. Es ist aus einer alten Zeit aber gewiß von einem guten Italiäner aufgeführt.

⟨96⟩ Abends um 5 Uhr ab nach Roveredo.

Wieder das Schauspiel von gestern Abend und die Heuschrecken die gleich bey Sonnenuntergang zu schrillen anfingen. Man fährt wohl eine Meile von der Stadt zwischen Mauern über welche die Traubengeländer sich sehen laßen, andre die nicht hoch genug sind hat man mit Steinen, Reisig und andern Künsten erhöht um das Abrupfen der Trauben den Vorbeygehenden zu wehren, viele ⟨97⟩ Besitzer besprengen die vordersten Reihen mit Kalck der die Trauben dem Essen unangenehm macht und dem Magen feind ist, dem Wein aber nicht schadet, weil er durch die Gährung wieder heraus muß. Das schöne Wetter dauert fort. Es war sehr heiß als ich um 3 Uhr vor die Stadt und auf die Brücke spaziren ging. Mir ists wie einem Kinde, das erst wieder leben lernen muß. Es macht schon hier niemand mehr die Thüren zu, die Fenster stehn immer offen pp

⟨98⟩ Es hat kein Mensch Stiefeln an, kein Tuch Rock zu sehn. Ich komme recht wie ein nordischer Bär vom Gebirge. Ich will mir aber den Spas machen mich nach und nach in die Landstracht zu kleiden.

d. 11. S. Abends.
Hier bin ich nun in Roveredo hier schneidet sichs ab. Von oben herein schwanckte es noch immer vom deutschen zum italiänischen, nun hatt ich einen stock wälschen Postillon der Wirth spricht kein deutsch und ich muß nun meine Künste versuchen. Wie froh bin ich daß die Geliebte Sprache nun die Sprache des Gebrauchs wird.

⟨99⟩ d. 12 Sept. nach Tische.
Wie sehnlich wünsch' ich dich einen Augenblick neben mich, damit du dich mit mir der Aussicht freuen könntest die vor mir liegt.

Heut Abend hätt ich in Verona seyn können, aber es lag mir noch eine schöne Natur Würckung am Wege, ein schönes Schauspiel der Lago di Garda.

Den wollte ich nicht versäumen und bin herrlich belohnt. – Nach fünfen fuhr ich von Roveredo ab ein Seiten Thal hinauf, das seine Wasser in den Adige ausgießt. Wenn man hinauf kommt, ⟨100⟩ Liegt ein ungeheurer Riegel hinten vor, über den man nach dem See hinunter muß. Hier waren die schönsten Kalck felsen zu mahlerischen Studien.

Wie man hinab kommt liegt ein Örtgen am nordlichen Ende des Sees und ist ein kleiner Hafen oder vielmehr Anfahrt da, es heist Torbole. Die Feigenbäume hatten mich schon den Weg her häufiger begleitet und im hinabsteigen fand ich die ersten Oelbäume, die voller Oliven hingen. Hier fand ich zum erstenmal die weiße Feigen als eine gemeine Frucht, die mir die Gräfinn Lanthieri verheißen hatte.

⟨101⟩ Aus dem Zimmer wo ich sitze geht eine Thüre in den Hof hinunter, ich habe meinen Tisch davor gerückt und dir die Aussicht mit einigen Linien gezeichnet. Sie zeigt den See in seiner Länge dessen Ende man besonders an der Lincken Seite nicht sehen kann.

Nach Mitternacht bläst der Wind von Norden nach Süden, wer also den See hinab will muß vor Tage fahren, einige Stunden nach Sonnen Aufgang wendet er sich und bläst nordwärts. Jetzt nach Mittag um eins weht er sehr starck gegen mich und kühlt die heise Sonne ⟨102⟩ gar herrlich ab.

Eben lehrt mich Volckmann den ich zuerst aus meinem Coffer hohle daß dieser See ehmals Benacus geheisen und zeigt mir einen Vers des Virgils an worin seiner gedacht wird:

> teque
> Fluctibus et fremitu assurgens Benace marino.

Der erste lateinische Vers dessen Gegenstand mir lebendig vorsteht und der, da der Wind immer stärcker weht und und der See höhere Wellen schlägt recht wahr wird. Nun will ich schliesen, wenn es kühle wird noch einen Spaziergang machen, Morgen früh um dreye von hier abfahren und dir dann wie- ⟨103⟩ der von Verona schreiben. Die schönsten und grösten Natur Erscheinungen des festen Landes hab ich nun hinter mir, nun gehts der Kunst, dem Alterthum und der Seenachbarschafft zu! Lebe wohl!

Heute hab ich an der Iphigenie gearbeitet, es ist im Angesichte des Sees gut von statten gegangen.

Ich muß einpacken und scheide ungern von dir, ich will noch heute zeichnend an dich dencken. Die Tyroler Karte die ich Knebeln weggenommen liegt bey ich habe meinen Weg mit einem Bleystift strich gezeichnet.

Geschrieben den 46 Grad hinter mir.

unter dem 45 Gr. 50 Min

⟨104⟩ d 13 Sept.
Wenn man mit dem Wasser zu thun hat, kann man nicht sagen: ich werde heut da oder da seyn.

Ich bin in M a l s e s i n e dem ersten Orte des Venetianischen Staats an der Morgenseite des Sees. Nun noch einiges von T o r - b o l e so heißt der Hafen wo ich gestern blieb.

Der Gasthof hat keine Schlösser an den Thüren, und der Wirth sagte mir ich könnte sicher seyn, und wenn alles Diamanten wären was ich bey mir hätte. Sodann die Zimmer keine Fenster, sondern Oelpapierne Rahmen und es ist doch köstlich drinne seyn, drittens ⟨105⟩ keinen Abtritt. Du siehst also daß man dem Naturzustande hier ziemlich nah kommt. Als ich nach meiner Ankunft den Hausknecht nach einer Bequemlichkeit fragte, deutete er in den Hof: qui abasso! puo servirsi! Ich fragte dove? er antwortete per tutto, dove vuol. Durchaus zeigt sich eine Sorglosigkeit, doch Geschäfftigkeit und Leben genug und den ganzen Tag verführen die Nachbarinnen ein Geschwätz und Geschrey, haben aber immer was zu schaffen und zu thun. Ich habe noch kein müßiges Weib gesehn.

⟨106⟩ Köstliche Forellen |: Trutte :| werden bey Torbole gefangen, wo der Bach vom Gebürge herunter kommt und der Fisch den Weg hinauf sucht. Der Kayser erhält von diesem Fang 10/m f Pacht.

Es sind keine eigentliche Forellen, sie sind bis auf 50 Pf.⟨und⟩ schweer, über den ganzen Leib bis auf den Kopf hinauf puncktirt. Der Geschmack ist zwischen Forelle und Lachs, sehr zart und trefflich.

Mein eigentlich Wohlleben ist aber in Früchten; Feigen ess ich den gantzen Tag. Du kannst dencken daß die Birn hier gut seyn müßen wo schon Zitronen wachsen. ⟨107⟩ Heute früh fuhr ich um drey Uhr von Torbole ab mit zwey Ruderern, einigemal ward der Wind günstig daß sie das Seegel brauchen konnten, aber wir kamen nicht weit unter Malsesine als der Wind sich völlig umkehrte seinen gewöhnlichen Tagweg nahm und nach Norden zog. Das Rudern half wenig gegen die übermächtige Gewalt und wir mußten in den Hafen von Malsesine einlaufen.

Der Morgen war herrlich wolckig und bey der Dammrung still.

Ich habe einige Linien gezogen. Wir fuhren bey Limona ⟨108⟩ vorbey, dem die Berggärten, die terrassenweis angelegt sind und worinn die Citronenbäume stehen ein reinliches und reiches Ansehn geben. Der ganze Garten besteht aus reihen von weißen viereckten Pfeilern, die in einer gewißen Entfernung von einander stehn und deren Reihen hinter einander den Berg hinauf rücken. Uber diese Pfeiler sind starcke Stangen gelegt um im Winter die Bäume zu decken die dazwischen gepflanzt sind, sonst würden sie in diesem Klima noch leiden. Hier in Malsesine ist auch so ein Garten, ich will ein Stück zeichnen.

⟨109⟩ Wie auch das Schloß das am Wasser liegt und ein schöner Gegenstand ist.

Heute im Vorbeyfahren nahm ich eine Idee davon mit.

Ich betrübte mich heute früh daß ich nicht mehr zeichnen kann und freute mich, daß ich so viel kann. Wie mir auch Mineralogie und das bischen botanischer Begriff unsäglich viel aufschliesen und mir der eigentlichste Nutzen der Reise bis jetzt sind.

Gestern hab ich meinen Mantel in den Koffer gethan in Verona muß ich mir was leichtes auf den Leib schaffen es ist zwar nicht heis ⟨110⟩ aber so recht innerlich warm, wovon ich seit solanger Zeit keinen Begriff gehabt habe.

Abends
Die Lust dir das Schloß zu zeichnen, das ein ächter Pendant zu dem böhmischen ist, hätte mir übel bekommen können. Die Einwohner fanden es verdächtig, weil hier die Gränze ist und sich alles vorm Kayser fürchtet. Sie thaten einen Anfall auf mich, ich habe aber den Treufreund köstlich gespielt, sie haranguirt und sie bezaubert. Das Detail davon mündlich.

d. 14 Nachts vor 1 Uhr von Malsesine ab, wegen des guten

Windes doch erst um 10 Uhr in Bartolino. Weil ⟨111⟩ ich der kleinen schlechten Wirthshäuser und ihrer Theurung satt hatte eilt ich fort und, mein Gepäck auf ein Maulthier geladen, mich auf ein andres, kam ich gegen 1 Uhr d 14. Sept. in gewaltiger Hitze hier in Verona an, wo ich dir dieses noch schreibe. das zweyte Stück schliese, hefte und dann gehe das Amphiteater zu sehen.

Von der Gegend kann man durch Worte keinen Begriff machen, es ist Ein Garten eine Meile lang und breit |: ich sage zu wenig :|, der am Fuß der hohen Gebürge und Felsen ganz flach in ⟨112⟩ der größten Reinlichkeit daliegt. Nähere Beschreibung im folgenden Stück. Noch ein Wort von meiner Seefahrt, sie endete glücklich und die Herrlichkeit des Wasserspiegels und des daran liegenden, besonders des Brescianischen Ufers freute mich recht im Herzen. Da wo an der Abendseite das Gebürg aufhört steil zu seyn und die Landschafft flächer nach dem See fällt, liegen an Einer Reihe in einer länge von ohngefähr anderthalb Stunden: Gargnano, Bojaco, Cecina, Toscolan, Maderno, Verdom, Saló. Alle auch meist wieder in die Länge gezogen.

Ich endigte nicht von dieser Schönheit zu reden.

⟨113⟩ Von Bartolino macht ich den Weg über einen Rücken der das Thal worinn der Adige fließt und die Vertiefung worinn der See liegt scheidet.

Die Wasser von beyden Seiten scheinen ehmals hier gegeneinander gewürckt und diesen ungeheueren Kiesel Haufen hier aufgethürmt zu haben. Es ist fruchtbares Erdreich darüber geschlemmt, aber der Ackersmann ist doch von denen immer wieder vordringenden Kieseln geplagt.

Sie haben eine gute art sie in die Höhe zu bauen und davon am Wege hin, gleichsam sehr dicke Mauern anzulegen.

⟨114⟩ Auch sehen die Maulbeerbäume wegen Mangel an Feuchtigkeit nicht so fröhlig auf dieser Höhe. An Quellen ist nicht zu dencken, von Zeit zu Zeit trifft man Pfützen von zusammengeleitetem Regenwasser woraus die Maulthiere, auch ihre Treiber, den Durst löschen. Unten am Flusse sind Schöpfräder angebracht um die in der Tiefe liegenden Pflanzungen nach Gefallen zu wässern.

⟨117⟩ Note a.

Witterung

Diesen Punckt behandle ich so ausführlich weil ich eben glaube in der Gegend zu seyn, von der unser trauriges nördliches Schicksal abhängt. Wie ich schon im vorigen Stück gesagt habe. Ja es giebt mich nun nicht so sehr wunder, daß wir so schlimme Sommer haben, vielmehr weis ich nicht wie wir gute haben können.

Die Nacht vom 9. auf den 10ten war abwechselnd helle und bedeckt, der Mond behielt immer einen Schein um sich. Morgens gegen 5 Uhr der ganze Himmel be- ⟨118⟩ deckt mit grauen nicht schwer hängenden Wolken.

Die obere Luft war noch immer elastisch genug. wie der Tag wuchs, theilten sich die Wolcken, nach meiner Theorie: sie wurden aufgezehrt und ie tiefer ich hinab kam desto schöner war das Wetter.

Wie nun gar in Botzen der grose Stock der Gebirge mitternachtlich blieb, ward die Luft immer reiner. Zwar muß ich das genauer ausdrücken.

Die Luft wie man an den verschiednen Landschafftsgründen sah war Voller Dünste, aber die Athmosphäre ⟨119⟩ elastisch genug sie zu tragen.

Wie ich weiter hinab kam konnt ich deutlich sehn daß alle Dünste aus dem Botzner thal und alle Wolcken, die von den Bergen die noch mittägiger liegen, aufstiegen nach dem Gebirge zu zögen und es nicht verdeckten aber in eine Art von Höherauch einhüllten. Ja ich habe in der weitsten Ferne über dem Gebürge eine Wasser galle |: den einen, undeutlichen Fus eines Regenbogens :| gesehen.

Aus allem diesem schliese ich ihr werdet ietzt gemischte doch mehr gut als böse ⟨120⟩ Tage haben, denn obgleich die Athmosphäre wie ich offt wiederhohle elastisch genug zu seyn scheint; so muß doch immer soviel von den Dünsten nach Norden kommen, was dort nicht gleich aufgelöst und in einer niedrern Athmosphäre schwebend als Regen herunter fallen muß. Von Botzen südwärts haben sie den ganzen Sommer das schönste Wetter gehabt. Von Zeit zu Zeit ein wenig Wasser |: Aqua :| |: statt gelindem Regen :| und dann wieder Sonnenschein, selbst gestern fielen von Zeit zu Zeit einige Tropfen, und die Sonne schien immer dazu.

⟨121⟩ Eben sagt mir die Wirthstochter: sie hätten lange kein so gutes Jahr gehabt, es gerathe alles. Und ich glaube eben weil wir so ein übles gehabt haben.

⟨125⟩ Note d

Gebirge und Berg arten.

S. Färbers Reise nach Italien. p. 397. Haquet Reise durch die pp. Alpen.

Eine viertelstunde vom Brenner ist ein Marmor bruch es war schon dämmrich. Er mag und muß wie der von mir schon bemerckte Kalckstein der andern Seite auf dem Glimmer schiefer aufliegen. Wahrscheinlich folgt nun immer Glimmer schiefer mit Kalck an der Seite. |: abwechselnd mögt ich nicht sagen :| F a r b e r nennt ihn H o r n s c h i e f e r doch war damals die Terminologie der Gebirgsarten viel unbestimmter wie jetzt. Siehe seine Klagen. pag. 400 sqq.

Bey Colman als es Tag ward fand ich Glimm Schiefer, auch in dem Fluße sah ich keinen Kalck |: es ist möglich ⟨126⟩ daß ich ihn übersehen habe auch, zerreibt er sich leichter, vielleicht ist auch dessen nur wenig :| Unter Kolman gingen die Porphyre an deren ich eine Sammlung mit bringe und sie also nicht beschreibe. Die Felsen waren so prächtig und am Weege die Haufen so apetitlich zerschlagen, daß man gleich hätte Voigtische Cabinetchen daraus bilden und verpacken können. Auch kann ich ohne Beschwerde von jedem Gestein ein Stück mitnehmen, wenn ich nur mein Auge und meine Begierde an ein kleineres Maas gewöhnen kann.

⟨127⟩ Bald unter Colmann fand sich auch ein Porphyr Fels der sich in sehr regelmäsige Platten spaltete.

Vor Botzen ein Porphyr mit grünen Speckstein Flecken und einer Speckstein Ablosung.

Unter Botzen Porphyre, endlich zwischen Brandsol und Neumarck der Porphyr der sich auch in regelmäsige Platten und wenn man will, in Säulen spaltet, die eine Parall⟨el⟩epipedische Base haben.

Färber hielt sie für Vulkanische Produckte, das war aber vor

14 Jahren, wo die ganze ⟨128⟩ Wissenschafft viel neuer war. Hacket macht sich deshalb über ihn her.

⟨129⟩ Verzeichniß der Gebirgsarten
die ich aufgepackt habe.

1. Gewöhnlicher grauer Kalckstein vor und um Inspruck.
2. Gneis von den Weege steinen gegen den Brenner.
3. Gneisart eben daher.
4. Dieselbe mit sichtbarerem Feldspat. anstehend beym See.
5. Glimmerschiefer mit Quarz und isabell farbenem Kalckspat.
6. Derselbe mit Kalk
7. Kalck wie er auf dem Glimmerschiefer aufliegt.
8. Derselbe an der Ablosung gehort der Nummer nach voraus.
9. Glimmer Schiefer auf dem Kalck.
10. Schiefriger Kalckstein aus der Gegend.
⟨130⟩ 11. Marmor unter dem Brenner nach Sterzinge⟨n⟩ zu.
12 Granit von der Chaussee unter Kolman
13 Gneis art eben daher.
14-18 Porphyrarten eben daher.
19 eine Porphyrart die sich regelmäsig spaltet.
20 Porphyr mit grünen Talck oder Specksteinflecken vor Botzen.
21. Porphyr dessen Farber erwähnt unter Brandsol.
22 Kalckstein weiter hinabwärts.
23. Basalt als Kiesel auf dem Wege von Roveredo nach Torbole.
24. Granit Geschiebe aus dem Lago di Garda.

⟨131⟩ Note e.
Menschen.

Sobald nur der Tag aufging vom Brenner herunter bemerckte ich eine sonderbare Veränderung der Gestalt.

Besonders die Weiber hatten eine bräunlich bleiche Farbe, elende Gesichtszüge und die Kinder eben so und erbärmlich anzusehn. Die Männer waren ein wenig besser, die Bildung übrigens regelmäsig und gut ich suchte die Ursache und glaubte sie im Gebrauch des Mays und des Haiden zu finden. In diesen Gedanken bin ich immer ⟨132⟩ mehr bestärckt geworden. Der Mays den sie auch gelbe Blende nennen, weil seine Körner gelb sind, und die schwarze Blende werden gemahlen, das Meel in Wasser gekocht daß es ein dicker Brey wird und so gegessen. Die D e u t s c h e n das heist die überm Berge rupfen den Teig wieder auseinander und braten ihn in Butter auf; aber der Wälsche, Tyroler isst ihn so weg, manchmal Käse drauf gerieben und das ganze Jahr kein Fleisch, nothwendig muß das alle Gefäsen verkleben und ver- ⟨133⟩ stopfen besonders bey Kindern und Frauen und die ganz kachecktische Farbe kommt daher. Ich fragte ob es nicht auch reiche Bauern gebe? - Ja freylich - - Thun sie sich nichts zu gute? essen sie nicht besser? - Nein, sie sie sind es einmal gewohnt. - Wo kommen sie denn mit ihrem Gelde hin? Was machen sie sonst für Aufwand? - O die haben schon ihre Herren die es ihnen wieder abnehmen! -

Das war die Summe des Gesprächs mit meiner Wirthstochter einem recht guten Geschöpfe.

⟨134⟩ Sonst essen sie auch noch Früchte und grüne Bohnen die sie in Wasser absieden und mit Knoblauch und Oel anmachen.

Die Leute die mir aus der Stadt begegneten sahen wohler aus und hübsche volle Mädgen Gesichter, auf dem Lande und in kleinen Städten fehlte es auch nicht ganz, doch machten sie eine Ausnahme.

Wenn es viel Wein giebt kaufen die Städter und andre Verleger den Bauern den Wein um ein Spottgeld ab und handlen damit pp
⟨135⟩ Pauper ubique j a c e t .
Und der U n t e r besitzer liegt überall unten. Ich habe in Trent die Leute genau angesehn sie sehn durchaus besser aus als auf dem Lande. Die Frauen sind meist für ihre Stärcke und die gröse der Köpfe etwas zu klein aber mit unter recht hübsche entgegenkommende Gesichter. Die Mannsgesichter kennen wir, doch sehn sie hier weniger frisch aus als die Weiber wahrscheinlich weil die Weiber mehr korperliche Arbeit, mehr bewegung haben, die Männer ⟨136⟩ mehr als Handelsleute oder Handwercker sitzen. Am Lago di Garda fand ich die Leute sehr braun und ohne einen röthlichen Schein von Farbe; aber doch nicht ungesund aussehend sondern ganz frisch und behäglich.

Reise-Tagebuch
Drittes Stück.

Verona,
Vicenza,
Padua.

1786.

⟨141⟩ Verona d 15. Sept. Ab.

Ja meine Geliebte hier bin ich endlich angekommen, hier wo ich schon lang einmal hätte seyn sollen, manche Schicksale meines Lebens wären linder geworden. Doch wer kann das sagen, und wenn ich s gestehen soll; so hätt ich mirs nicht eher nicht ein halb Jahr eher wünschen dürfen.

Schon siehst du das Format meines Tagebuchs andert sich und der Innhalt wird sich auch ändern. Ich will fortfahren fleißig zu schreiben, nur schaffe dir Volckmanns Reise nach Italien, etwa von der Bibliotheck, ich will immer die Seite anführen und thun als wenn du das Buch gelesen hättest.

Seit gestern Mittag bin ich hier, und ⟨142⟩ habe schon viel gesehen und viel gelernt. Nach und nach will ich meine Gedancken niederschreiben.

d. 16. Sept.

Nach und nach find ich mich. Ich lasse alles ganz sachte werden und bald werd ich mich von dem Sprung über die Gebirge erhohlt haben. Ich gehe nach meiner Gewohnheit nur so herum, sehe alles still an, und empfange und behalte einen schönen Eindruck.

Nun eins nach dem andern.

Das Amphiteater.

Das erste Monument der alten Zeit, das ich sehe und das sich so gut erhalten hat, so gut erhalten worden ist. Ein Buch das nachkommt, enthält gute Vorstellungen davon.

Wenn man hineintritt, oder oben auf ⟨143⟩ dem Rande steht ist es ein sonderbarer Eindruck, etwas Groses und doch eigentlich nichts zu sehn. Auch will es leer nicht gesehn seyn, sondern ganz voll Menschen, wie es der Kayser und der Papst gesehen haben. Doch nur damals that es seine Würckung da das Volck noch mehr Volck war als es ietzt ist. Denn eigentlich ist so ein Amphitheater recht gemacht dem Volck mit sich selbst zu imponiren, das Volck mit sich selbst zum Besten zu haben.

Wenn irgend etwas auf flacher Erde vorgeht und alles zuläuft, suchen die hintersten auf alle mögliche Weise sich über die vordersten zu erheben, man rollt Fässer herbey, fährt mit Wagen heran, legt Bretter herüber und hinüber, stellt wieder Bäncke hinauf, man besetzt einen be ⟨144⟩ benachbarten Hügel und es bildet sich in der Geschwindigkeit ein Crater. Kommt das Schauspiel, es sey ein Kampf pp offt an derselben stelle vor, baut man leichte Gerüste an einer Seite für die, so bezahlen können und das Volck behilft sich wie es mag.

Dieses allgemeine Bedürfniß hat der Architeckt zum Gegenstand, er bereitet einen solchen Crater durch die Kunst, so einfach als nur möglich und dessen Zierrath das Volck selbst ist. Wie ich oben sagte, wenn es sich so beysammengesehen hat, muß es über sich selbst erstaunt seyn. Da es sonst nur gewohnt ist sich durch einander laufen zu sehn, sich in einem Gewühl ohne Ordnung und ohne sonderliche Zucht zu sehn, sieht das vielköpfige, vielsinnige, schwanckende, schwebende Thier sich zu Einem Ganzen vereinicht, ⟨145⟩ zu Einer Einheit gestimmt, in Eine Masse verbunden, und befestigt und zu einer Form gleichsam von Einem Geiste belebt. Die Simplicität des Ovals ist iedem Auge auf die angenehmste Weise fühlbar und ieder Kopf dient zum Maase wie gros das Ganze ist. Jetzt wenn man es leer sieht, hat man keinen Maasstab, man weis nicht ob es gros oder klein ist.

Da es von einem mit der Zeit verwitternden Marmor gebaut ist, wird es gut unter halten.

Uber folgende Punckte mündlich.

Stück der äussern Mauer.

Ob sie ganz umhergegangen?

Gewölbe rings umher an Handwercker vermiethet das Gewölb jährlich um 20-30 f.

⟨146⟩ B a l l o n

Als ich von der Arena |: so nennen sie das Amphiteater :| wegging, kam ich einige Tausend Schritte davon, auch zu einem öffentlichen Schauspiele. Vier edle Veroneser schlugen Ball gegen vier Fremde. Sie thun es das ganze Jahr unter sich, etwa 2 Stunden vor Nacht. Diesmal weil Fremde die Gegner waren, lief das Volck unglaublich zu es können immer 4-5000 Männer, |: Frauen sah ich von keinem Stande :| Zuschauer gewesen seyn. Oben, als ich vom Bedürfniß der Zuschauer sprach, wenn ein Schauspiel auf flacher Erde vorgeht, hab ich das natürliche und zufällige Amphitheater schon beschrieben, auf dem ich hier das Volck übereinander gebaut sah. Ein lebhafftes Händeklatschen lies sich schon von weiten hören, jeder bedeutende Schlag ward davon begleitet. Das übrige mündlich.

⟨147⟩ Porta Stupa oder del Palio.

Das schönste, immer geschlossne Thor; Wenn man auf etliche hundert Schritte davonkommt, erkennt man es erst für ein schönes Gebäude. Als thor aber und für die grose Entfernung in der es zu sehn ist, ist es nicht gut gedacht.

Sie geben allerley Ursachen an warum es geschlossen ist, ich habe eine Muthmasung. Die Absicht des Künstlers war offenbar durch dieses Thor eine neue Anlage des Corso zu verursachen, denn auf die ietzige Strase steht es ganz falsch; die lincke Seite hat lauter Barracken aber die winckelrechte Linie der Mitte geht auf ein Nonnenkloster zu, das nothwendig hatte müssen niedergelegt werden, man sah das wohl ein, auch hatten die Nobili nicht Lust sich dorthin anzubauen, der Künstler starb vielleicht und so schloß man das Thor damit der Sache auf einmal ein Ende war.

⟨148⟩

Nun ein Wort was auf die Wercke der Alten überhaupt gelten mag.

Der Künstler hatte einen grosen Gedancken auszuführen, ein groses Bedürfniß zu befriedigen, oder auch nur einen wahren Gedancken auszuführen und er konnte gros und wahr in der Ausführung seyn wenn er der rechte Künstler war. Aber wenn das Bedürfniß klein, wenn der Grundgedancke unwahr ist, was will der grose Künstler dabey und was will er daraus machen? er zerarbeitet sich den kleinen Gegenstand gros zu behandeln, und es wird was, aber ein Ungeheuer, dem man seine Abkunft immer anmerckt.

NB Diese Anmerckung steht zufällig hier, und hat mit dem vorstehenden keinen Zusammenhang.

⟨149⟩ T h e a t e r u n d M u s e u m .

Das Portal des Theater Gebäudes von 6 Jonischen Säulen ist gros und schön. Uber der Thüre, zwischen den zwey mittelsten Säulen durch, erblickt man das marmorne Brustbild des Maffei, vor einer gemahlten Nische, die von zwey gemahlten Corinthischen Säulen getragen wird. Daß Maffei die Büste bey seinem Leben wieder wegnehmen lies, schreibe ich lieber seinem guten Geschmack als seiner Bescheidenheit zu, denn die Büste gehört nicht dahin und es gehört keines Menschen Büste dahin, und noch dazu nicht in der Mauer sondern angekleckt, und mit einer grosen Perrücke. Hätte er sich nur einen guten Platz in den ⟨150⟩ Sälen wo die Philharmoniker gemahlt hängen ausgesucht und seine Freunde veranlaßt daß sie nach seinem Tod das Bild dahin gestellt; so wäre für den guten Geschmack gesorgt gewesen und es sähe auch republikanischer aus.

Hätte man es aber ja thun wollen; so hatte man der Thüre nicht eine gemahlte Säulen Verzierung sondern eine solide Einfassung geben, die Nische in die Mauer einbrechen, die Perrücke weglassen und die Büste Colossalisch machen müssen, und mit allem dem zweifl' ich daß man diese Partie zu einer Ubereinstimmung mit den grosen Säulen würde gezwungen haben. Doch diese Harmonie scheint die Herrn Phil- ⟨151⟩ ⟨h⟩armoniker nicht sehr zu rühren.

So ist auch die Gallerie die den Vorhof einfaßt kleinlich und nehmen sich die kannelirten Dorischen Zwerge neben den glatten Jonischen Riesen armselig aus. Doch wollen wir das verzeihen in Betrachtung des schönen Instituts das diese Galerien decken, und indem wir bedencken daß es mit der Architecktur eine gar sonderbare Sache ist, wenn nicht ungeheure Kosten zu wenigem Gebrauch verwendet werden; so kann sie gar nichts machen. Davon in der Folge mehr.

Jetzt wieder zu den Antiquitäten die unter den Galerien aufbewahrt sind.

Es sind meist Basreliefs, die auch meist in der Gegend von Verona gefunden worden |: ia sie sagen sogar in der Arena :| das ich doch nicht begreife. ⟨152⟩ Es sind Etrurische, Griechische, Römische von den niedern Zeiten und neuere.

Die Basreliefs in die Mauer eingemauert und mit den Numern

versehn welche sie in dem Wercke des Maffei haben, der sie beschrieb. Altäre, Stücke von Säulen p stehn in den Interkolumnien.

Es sind sehr gute treffliche Sachen drunter und auch das weniger gute zeugt von einem herrlichen Zeitalter. Der Wind, der von den Gräbern der Alten herweht, kommt mit Wohlgerüchen wie über einen Rosenhügel.

Ein ganz trefflicher A l t a r Dreyfuß von weißem Marmor steht da, worauf Genii sind, die Raphael in den Zwickeln der Geschichte der Psyche nachgeahmt und verklärt hat. Ich erkannte sie gleich. Und die Grabmähler sind herzlich und rührend. Da ist ein Mann der neben ⟨153⟩ seiner Frauen aus einer Nische wie zu einem Fenster heraus, da steht Vater und Mutter den Sohn in der Mitte und sehn einander mit unaussprechlicher Natürlichkeit an, da reichen ein Paar einander die Hände. Da scheint ein Vater von seiner Familie auf dem Sterbebette liegend ruhigen Abschied zu nehmen. Wir wollen die Kupfer zusammen durchgehn.

Mir war die Gegenwart der Steine höchstrührend daß ich mich der Trähnen nicht enthalten konnte. Hier ist kein geharnischter Mann auf den Knien, der einer fröhligen Auferstehung wartet, hier hat der Künstler mit mehr oder weniger Geschick immer nur die einfache Gegenwart der Menschen hingestellt, ihre Existenz dadurch fortgesetzt und bleibend ge- ⟨154⟩ macht. Sie falten nicht die Hände zusammen, schauen nicht gen Himmel; sondern sie sind was sie waren, sie stehn beysammen, sie nehmen Anteil an einander, sie lieben sich, und das ist in den Steinen offt mit einer gewissen Handwercksunfähigkeit allerliebst ausgedrückt.

Die Kupfer nehmen das offt weg, sie verschönern, aber der Geist verfliegt. Der bekannte Diomed mit dem Palladio, ist in Bronze sehr schön hier.

Bey den Grabmälern hab ich viel an Herdern gedacht. Überhaupt mögt ich ihn bey mir haben.

Auch steht ein verzierter Pfeiler von weisem Marmor da, sehr reich und von gutem Geschmack.

An alle diese Dinge gewöhnt mein Aug sich erst, ich schreibe nur hin wie mir jedes auffällt.

Morgen seh ichs noch einmal und sage dir noch einige Worte.

⟨155⟩ D o m

Der Titian ist sehr verschwärzt und soll das Gemählde von seiner geringsten Zeit seyn.

Der Gedanke gefällt mir daß er die Himmelfahrende Maria nicht hinaufwärts sondern nach ihren Freunden niederwärts blicken läßt.

St. Giorgio.

Eine Gallerie von guten Gemählden. Alle Altarblätter wo nicht gleich doch alle merckwürdig.

Aber die unglückseeligen Künstler was mußten sie mahlen? und für wen.

Ein Mannaregen 30 Fus vielleicht lang und 20 hoch, das Wunder der 5 Brodte zum Pendant. Was war Daran zu mahlen. Hungrige Menschen die über kleine Körner herfallen, unzähliche andre denen Brod ⟨156⟩ präsentirt wird. Die Künstler haben sich die Folter gegeben um solche Armseeligkeiten nur einiger massen Bedeutend zu machen.

Einer   der die Hl. Ursula mit den 11/m Jungfr auf ein Altarblat zu mahlen hatte, hat sich mit grosem Verstand aus der Sache gezogen. Die Gestalt der Hl. Ursula hat was sonderbar iungfräuliches ohne Reitz.

Ich endigte nicht drum laß uns weiter gehn.

⟨157⟩ M e n s c h e n .

Man sieht das Volck sich durch aus hier rühren und in einigen Strasen wo Kaufmannsläden und Handwercks Boutiqu⟨e⟩n an einander sind, sieht es recht lustig aus. Denn da ist nicht etwa eine Thüre in den Laden oder das Arbeitszimmer, nein die ganze Breite des Hauses ist offen, man sieht alles was drinne vorgeht, die Schneider nehen, die Schuster arbeiten alle halb auf der Gasse. Die Boutiquen machen einen Theil der Gasse. Abends wenn Lichter brennen siehts recht lebendig.

Auf den Plätzen ists an Marcktägen sehr voll. Gemüs und Früchte unübersehlich. Knoblauch und Zwiebeln nach Herzenslust. Ubrigens schreyen ⟨158⟩ singen und schäckern sie den ganzen Tag, balgen sich, werfen sich, jauchzen und lachen unaufhörlich.

Der milde Himmel, die bequeme Nahrung läßt sie leicht leben, alles was nur kann ist unter freyem Himmel. Nachts geht nun das singen und lärmen recht an. Den Malbourouh hört man auf allen Strasen. Dann ein Hakbret, eine Violin, sie üben sich alle Vögel mit Pfeifen nachzumachen, man hört Töne von denen man keinen Begriff hat. Ein solches Vorgefühl seines Daseyns giebt ein mildes Clima auch der Armuth und macht den Schatten des Volcks selbst noch respecktabel.

Die Unreinlichkeit und wenige Bequemlichkeit der Häuser kommt ⟨159⟩ daher. In ihrer Sorglosigkeit dencken sie an nichts. Dem Volck ist alles gut, der Mittelman lebt auch vom Tag zum andern fort, der Reiche und Vornehme allein kann darauf halten. Doch weis ich nicht wie es im Innern ihrer Palazzi aussieht. Die Vorhöfe, Säulengänge p sind alle mit Unrath besudelt und das ist ganz natürlich, man muß nur wieder vom Volck herauf steigen. Das Volck fühlt sich immer vor. Der Reiche kann reich seyn, Palläste bauen, der Nobile darf regiren, aber wenn er einen Säulengang, einen Vorhof anlegt, so bedient sich das Volck dessen zu seinem Bedürfniß und das hat kein dringenderes als das so schnell als möglich loszuwerden was es so häuffig ⟨160⟩ als möglich zu sich genommen hat.

Will einer das nicht haben; so muß er nicht den Grosen Herren spielen; das heist: er muß nicht thun als wenn ein Theil seiner Wohnung dem Publiko zugehöre, er muß seine Thüre zumachen und dann ists gut. An öffentlichen Gebäuden läßt sich das Volck sein Recht nicht nehmen. Und so gehts durch ganz Italien.

Noch eine Betrachtung die man nicht leicht macht -

Und indessen ist das Abendessen gekommen und ich fühle mich müd und ausgeschrieben, denn ich habe den ganzen Tag die Feder in der Hand. Ich muß nun die Iphigenie selbst abschreiben, und diese Blätter dir zubereiten. Diesmal gute Nacht meine Beste. Morgen oder wann der Geist will meine Betrachtung.

d 16. Sept 86. Abends 10 Uhr.

⟨161⟩ d 17. Abends

Wenn nur gleich alles von diesem Tage auf dem Papier stünde es ist 8 Uhr |: una dopo notte :| und ich habe mich müde gelaufen, nun geschwind alles wie es kommen will.

Heute bin ich ganz unbemerkt durch die Stadt und auf dem Bra gegangen. Ich sah mir ab, wie sich ein gewisser Mittelstand hier trägt und lies mich völlig so kleiden. Ich hab einen unsäglichen Spas daran. Nun mach ich ihnen auch ihre Manieren nach. Sie schleudern Z. E. alle im Gehn mit den Armen. Leute von gewissem Stande nur mit dem rechten weil sie den Degen tragen und also die lincke stille zu halten gewohnt sind, andere mit beyden Armen. u. s. w.

Es ist unglaublich was das Volck auf etwas fremdes ein Auge hat. Daß sie die ersten Tage meine Stiefeln nicht verdauen konnten, da man sie als eine theure Tracht, nicht einmal im ⟨162⟩ Winter trägt; aber daß ihnen heut früh da sie alle mit Blumen, Knoblauch pp durcheinander liefen ein Cypressenzweig nicht entging, den ich in dem Garten genommen hatte und den mein Begleiter in der Hand trug, |: es hingen einige grüne Zapfen dran und er hatte noch ein Capern Zweigelgen dabey die an der Stadt mauer wachsen :| das frappirte mich. Sie sahen alle Grose und Kleine ihm auf die Finger und hatten ihre Gedancken.

Diese Zweige bracht ich aus dem Garten Giusti der eine treffliche Lage und ungeheure Cypressen hat die alle Nadelförmig in die Luft stehn. |: die Taxus der Nordlichen Gärtnerey spitz zugeschnitten sind nachahmung dieses schönen Naturproduckts :| Ein Baum dessen Zweige von unten bis oben, dessen ältester ⟨163⟩ Zweig wie der iüngste gen Himmel strebt, der seine 300 Jahre dauert, |: nach der Anlage des Gartens sollen sie älter seyn :| ist wohl einer Verehrung wehrt.

Sie sind noch meist von unten auf grün und es wärens mehrere wenn man dem Epheu der viele umfaßt hält und die untern Zweige erstickt, früher gesteuert hätte.

Ich fand Capern an der Mauer herab hängend blühen, und eine schöne Mimosa. Lorbern in den Hecken pp.

Die Anlage des Gartens ist mittelmäsich und gegen den Berg an dem er hinauf steigt kleinlich. Die Cypressen balanziren allein noch die Felsen. Davon einander mal wenn von andern Gärten die Rede seyn wird.

Ich sah die Fiera die ein würcklich schö- ⟨164⟩ nes Institut.

Dann die Gallerie des Pall. Gherhardini, wo sehr schöne Sachen von Orbetto sind. In der Entfernung lernt man wemige ⟨wenige⟩ Meister offt die nur dem Nahmen nach kennen, wenn man nun diesem Sternenhimmel näher tritt und nun die von der zweyten und dritten Gröse auch zu flimmern anfangen und ieder auch ein Stern ist, dann wird die Welt weit und die Kunst reich. Nur sind die Mahler mit ihren Sujets oft unglücklich. Und die Stücke mit mehrern Personen gerathen so selten. Die beste Composition fand ich hier: einen entschlafnen Simson im Schoos der Delila die eben leise nach der ⟨165⟩ Scheere hinübergreift. Der Gedancke und die Ausführung sind sehr brav. Andres verschweig ich.

Im Pall. Canossa fiel mir eine Danae auf die ich hier nur bemerke. Schöne Fische vom Bolka.

Ich ging noch einmal ins Museum. Was ich von der Colonnade, von der Büste des Maffei pp gesagt, bedarf einiger Einschränckung.

Von den Antiken sag ich nichts; sie sind in Kupfer gestochen, wenn ich sie wieder sehe fällt mir alles wieder ein. Der schöne Dreyfuß geht leider zu Grunde, er ist der Abendsonne und dem Abendwinde ausgesezt wenn sie nur ein hölzern Futteral drüber setzten.

Der angefangne Pallast des Prove- ⟨166⟩ ditor hätte ein schön Stück Baukunst gegeben wenn er fertig geworden wäre.

Sonst bauen die Nobili noch viel leider ieder auf dem Plaz wo sein Pallazzo schon steht also oft in engen Gassen. So wird iezt eine prächtige Facade eines Seminarii gebaut in einen Gäßgen der entfernten Vorstadt.

Diesen Abend ging ich wieder ins Amphitheater. Ich muß erst mein Auge bilden, mich zu sehen gewöhnen. Es bekräfftigte sich mir was ich des erstemal sagte. Auch müssen die Veronenser wegen der Unterhaltung gelobt werden. Die Stufen oder Sitze scheinen fast alle neu. Eine ⟨167⟩ Inschrift gedenckt eines Hieronymus Maurigenus und seines unglaublichen Fleißes mit Ehren.

Ich ging auf der Kante des Craters auf der obersten Stufe bey Sonnen Untergang herum die Nacht |: Notte, die 24ste Stunde :| erwartend. Ich war ganz allein und unten auf den breiten Steinen des B r a gingen Mengen von Menschen, Männer von allen Ständen, Weiber vom Mittelstande spazieren.

Hier ein Wort vom Zendale den sie tragen und der Veste. Diese Tracht ist recht eingerichtet für ein Volk das nicht immer reinlich seyn mögte und doch offt öffentlich erscheinen, bald in der Kirche bald auf dem Spaziergang seyn will. Veste ist ein schwarzer ⟨168⟩ Tafftener Rock der über andre Röcke geworfen wird. Hat das Frauenzimmer einen reinlichen |: meist weißen :| darunter; so weiß sie den schwarzen an einer Seite in die Höhe zu heben. Dieser schwarze Rock wird so angethan daß er die Taille abscheidet und die Lizzen des Corsets bedeckt. Das Corsett ist von jeglicher Farbe. Der Zendale ist eine grose Kappe mit langen Bärten, die Kappe halten sie mit einer Maschine von Dräten hoch über den Kopf und die Bärte werden wie eine Schärpe um den Leib hinterwärts geknüpft und fallen die Enden hinten hinunter.

Casa Bevi l'aqua.

Schöne, treffliche Sachen.

Ein Paradies oder von Tintoret vielmehr die Krönung Mariä zur Himmelsköniginn in Gegenwart aller Erzväter, Propheten, Heiligen, Engel pp. ein unsinniger Gedancke mit dem schönsten Genie ausgeführt. Eine Leichtig- ⟨169⟩ keit von Pinsel, ein Geist, ein Reichthum im Ausdruck, den zu bewundern und dessen sich zu freuen man das Stück selbst besitzen müßte, denn die Arbeit geht, man darf wohl sagen in's unendliche, und die lezten Engelskopfe haben einen Charackter, die grösten Figuren mögen einen Fus gros seyn, Maria und Christus der ihr die Krone aufsetzt mögen ohngefahr 4 Zoll haben. Die Eva ist doch das schönste Weibgen auf dem Bilde und noch immer von Alters her ein wenich lüstern.

Ein Paar Portraits von Paolo Veronese haben meine Hochachtung für diesen Künstler nur vermehrt.

Die Anticken sind schön. Ein Endymion gefiel mir sehr wohl. Die Büsten die meist restaurirte Nasen haben sehr interessant. Ein August mit der Corona civica. Ein Caligula pp.

⟨171⟩ Uhr

Damit dir die italiänische Uhr leicht begreiflich werde hab ich gegenüberstehendes Bild ⟨am Ende dieses Bandes; dem Faksimileband lose beiliegend⟩ erdacht.

Der innere Kreis sind unsere 24 Stunden von Mitternacht bis wieder Mitternacht, in zweymal zwölf getheilt, wie wir zählen und unsre Uhren sie zeigen. Der mittelste Kreis zeigt an wie die Glocken in der ietzigen Jahrszeit hier schlagen nähmlich auch in 24 Stunden zweymal 12. allein dergestalt daß es 1 schlägt wenn bey uns 8 schlägt und so fort, bis die zwölfe voll sind. Morgens um 8 Uhr nach unserm Zeiger schlägt es wieder 1. und so fort.

Der oberste Kreis zeigt nun eigentl. an wie bis 24 würcklich gezählt wird. Ich höre also in der Nacht 7 schlagen und weis daß Mitternacht um 5 ist, subtrahire ich 7 ⟨-⟩ 5 ⟨=⟩ 2 ist 2 Uhr nach Mitternacht.

Hör ich am Tage 7 schlagen; so weiß ich ⟨172⟩ daß Mitternacht um 5 Uhr ist und also auch Mittag der Glocke nach ich mache also die vorige Operation 7 ⟨-⟩ 5 ⟨=⟩ 2 es ist also 2 Uhr nach Mittag. Will ich es aber aussprechen; so muß ich wissen daß Mittag um 17 Uhr ist und addire also nunmehr 17 ⟨+⟩ 2 ⟨=⟩ 19 und sage neunzehn Uhr, wenn ich nach unsrer Uhr um zwey sagen will.

Wenn du das gelesen hast und meine Tafel ansiehst; wird dirs im Anfang schwindlich im Kopfe werden, du wirst ausrufen: welche Unbequemlichkeit, und doch am Orte ist man's nicht allein bald gewohnt sondern man findet auch Spas daran wie das Volck dem das ewige hin und wieder rechnen und vergleichen zur Beschäfftigung dient. Sie haben

---

NB. Die Innländer bekümmern sich wenig um Mittag und Mitternacht sondern sie zählen nur vom Abend wenn es schlägt die Stunden wie sie schlagen, und am Tage wenn es schlägt addiren sie die Zahl zu 12.

⟨173⟩ ohne dies immer die Finger in der Luft rechnen alles im Kopfe und machen sich gerne mit Zahlen zu schaffen.

Nun kommt aber die Hauptsache. In einem Lande wo man des Tags genießt, besonders aber sich des Abends freut, ist es höchst bedeutend wenn es N a c h t wird. Wann die Arbeit des Tags aufhöre? Wann der Spaziergänger ausgehn und zurückkommen muß. Mit einbrechender Nacht will der Vater seine Tochter wieder zu Hause haben pp die Nacht schliest den Abend und macht dem Tag ein Ende. Und was ein T a g sey wissen wir Cimmerier im ewigen Nebel und Trübe kaum, uns ists einerley obs Tag oder Nacht ist, denn welcher Stunde können wir uns unter freyem Himmel freuen. Wie also die Nacht eintritt ist der Tag aus, der aus Abend und Morgen bestand, 24 Stunden sind vorbey, der Rosenkranz wird gebetet ⟨174⟩ und eine neue Rechnung geht an.

Das verändert sich mit ieder Jahrszeit und die eintretende Nacht macht immer merckliche Epoche, daß ein Mensch der hier l e b t nicht wohl irre werden kann.

Man würde dem Volck sehr viel nehmen wenn man ihm den deutschen Zeiger aufzwänge, oder vielmehr man kann und soll dem Volck nichts nehmen was so intrinsec mit seiner Natur verwebt ist.

Anderthalb Stunden, eine Stunde vor Nacht fängt der Adel an auszufahren. Es geht auf den Bra die lange breite strase nach der Porta nuova zu, das Thor hinaus an der Stadt hin, und wie es Nacht schlägt kehrt alles um, theils fahren sie an die Kirchen das Ave maria della sera zu beten, theils halten sie auf dem Bra und lassen sich da die Damen die Cour machen von Cavaliers, die an ⟨175⟩ die Kutsche treten und das dauert denn so eine Weile, ich hab es nie abgewartet biß ein Ende war. Die Fußgänger bleiben aber bis weit in die Nacht.

Es hatte eben geregnet und der Staub war gelöscht, da war es würcklich ein lebendiger und muntrer Anblick.

Witterung.

Es donnerte blitzte und regnete völlig, zwölf Stunden dann war es wieder schön heiter. Uberhaupt beklagen sie sich hier auch über einen übeln Sommer. Sie mögen ihn nicht so rein gehabt haben als andre Jahre aber ich merke auch, sie sind höchst unleidsam. Weil sie des guten gewohnt sind alles in Schuen und Strümpfen und leichten Kleidern herum läuft; so fluchen und schelten sie auch gleich über ein wenig Wind und Regen, über den wir uns erfreuen ⟨176⟩ würden wenn er so sparsam käme.

Ich habe bemerkt daß sich nach dem Regen bald die Wolcken gegen das Tyroler Gebirg warfen und dort hängen blieben auch ward es nicht ganz wieder rein. Das Zieht nun alles Nordwärts, und wird euch trübe und kalte Tage machen.

Hierher kommen wahrscheinlich die Wolke und Regen aus dem Pothal, oder noch ferner vom Meere und so gehts weiter wie ich weitläufig im vorhergehenden gemeldet.

⟨177⟩ Noch bemerk ich
die Schönheit der Porta del Pallio von aussen.

Das dunckle Alterthum der Kirche des Heil. Zeno, des Patrons der Stadt. eines wohlbehäglichen lachenden Heiligen.

Das Weben der Eidexen auf den Stufen des Amphitheaters in der Abendsonne.

Ich habe Wunder gedacht wie deutlich ich dir die Italiänische Uhr machen wollte und sehe meine Methode war nicht die beste. In deß ist das Zirckel werck und die Tabelle unten an noch besser als meine Auslegung und wird in der Zukunft dienen.

⟨179⟩ Verzeichniß der mitgenommen Steine.

V e r o n a
26 Rother Veronesischer Marmor
27 Bronzino.
28 Weiser Kalckstein von dem sie Statuen arbeiten
29. Basalt Geschiebe.
V i c e n z
30 Lava vom Monte Berico.
31 Kalksteine daher.
32. Kalcksteine woraus sie in Vicenz schöne Platten arbeiten.
33. Kalckstein den sie nach Belieben sägen und zuschneiden.
34. Basalt aus dem sie schöne Platten hauen die hallen zu pflastern und mit dessen kleinre Stücken sonst gepflastert wird.
35 Eine Lava die sie auch zu Platten zu hauen.

⟨181⟩ Vicenz d. 19. Sept.

Vor einigen Stunden bin ich hier angekommen und habe schon die Stadt durchlaufen, das Olympische Theater und die Gebäude des Palladio gesehen. Von der Bibliotheck kannst du sie in Kupfer haben also sag ich nichts nenn ich nichts, als nur im allgemeinen.

Wenn man dise Wercke nicht gegenwärtig sieht, hat man doch keinen Begriff davon. Palladio ist ein recht innerlich und von innen heraus groser Mensch gewesen.

Die größte Schwürigkeit ist immer die Säulenordnungen in der Bürgerlichen Baukunst zu brauchen. Säulen und Mauern zu verbinden, ist ohne Unschicklichkeit beynahe unmöglich, davon mündlich mehr. Aber wie er das durcheinander gearbeitet hat, wie er durch die Gegenwart seiner Wercke imponirt und vergessen macht daß ⟨182⟩ es Ungeheuer sind. Es ist würcklich etwas göttliches in seinen Anlagen, völlig die Force des großen Dichters der aus Wahrheit und Lüge ein Drittes bildet das uns bezaubert.

Das Olympische Theater ist, wie du vielleicht weißt, ein Theater der Alten realisirt. Es ist unaussprechlich schön. Aber als Theater, gegen unsre ietzigen, kommt es mir vor wie ein vornehmes, reiches, wohlgebildetes Kind, gegen einen klugen Kaufmann der weder so vornehm, so reich, noch so wohlgebildet ist; aber besser weiß was er mit seinen Mitteln anfangen kann.

Wenn man nun darneben das enge schmutzige Bedürfniß der Menschen sieht, und wie meist die Anlagen über die Kräffte der Unternehmer ⟨183⟩ waren und wie wenig diese köstlichen Monumente eines Menschengeistes zu dem Leben der übrigen passen; so fällt einem doch ein daß es im moralischen eben so ist. Dann verdient man wenig Danck von den Menschen, wenn man ihr innres Bedürfniß erheben, ihnen von sich selbst eine grose Idee geben, ihnen das Herrliche eines grosen wahren Daseyns fühlen machen will |: und das thun sinnlicherweise die Wercke des Palladio in hohen Grade :| aber wenn man die Vögel belügt, ihnen Mährgen erzählt, ihnen vom Tag zum andren forthilft pp dann ist man ihr Mann und drum sind so viele Kirchen zu stande gekommen, weil von daher für das Bedürfniß der Sterblichen am besten gesorgt wird. Ich sage ⟨184⟩ das nicht um meine Freunde herunter zusetzen, ich sage nur daß sie so sind und daß man sich nicht verwundern muß wenn alles ist wie es ist.

Was sich die Basilika des Palladius neben einem alten mit ungleichen Fenstern übersäten Kastelähnlichen gebäude ausnimmt, das er sich gewiß zusammt dem Thurn weggedacht hat, läßt sich nicht ausdrücken.

Der Weg von Verona hierher ist sehr angenehm, man fährt Nordostwärts an den Gebürgen hin und hat die Vorderberge, die aus Kalck, Sand, Thon, Mergel bestehn immer lincker

Hand, auf den Hügeln die sie bilden liegen Orte, Schlösser, Häuser dann folgt die weite Plaine durch die man fährt. Der gerade, gut unterhaltne, weite Weg geht durch fruchtbares Feld, an Reihen von ⟨185⟩ Bäumen sind die Reben in die Höhe gezogen, von denen sie, als wärens die Zweige, herunter fallen. Hier kann man sich eine Idee von Festons bilden. Die Trauben sind zeitig und beschweeren die Ranken, die lang und schwanckend herunter hängen, der Weg ist voll Menschen aller Art und Gewerbes, besonders freuten mich die Wagen, die mit 4 Ochsen bespannt, grose Kufen fuhren, in denen die Weintrauben aus den Weingärten gehohlt und gestampft werden, es standen meist die Führer drinne und es sah einem bachischen Triumphwagen vollkommen gleich. Zwischen den Weinreihen ist der Boden zu allerley Arten hiesigen Getraides besonders Türckisch Korn und des Sorgo benutzt. Wenn man gegen Vicenz kommt streichen wieder Hügel von Nord nach Süden es sind vulkanische, schliesen die Ebne, und Vicenz liegt an ihrem Fuße, und wenn man will in einem Busen den sie bilden.

⟨186⟩ d. 20. Sept. Abends 8
hiesigen Zeig. 1

Gestern war Oper, sie dauerte bis nach Mitternacht und ich sehnte mich zu Bette. Das Sujet ist aus den drey Sultaninnen und der Entführung aus dem Serail mit wenig Klugheit zusammengeflickt, die Musik hört sich bequem an, ist aber wahrscheinl. von einem Liebhaber, es ist kein neuer Gedancke der mich frappirt hätte im ganzen Stück. Die Ballets dagegen sind allerliebst, ich habe oft an Steinen gedacht und ihm den Spas gewünscht. Das Hauptpaar tanzte eine Allemande daß man nichts zierlichers sehen kann. Du siehst ich werde nach und nach vorbereitet, es wird nur besser kommen. Du kannst dencken daß ich für meinen Wilhelm brav gesammelt habe. Das neue Theater ist recht schön, modest prächtig alles uniform wie es einer S t a d t ⟨187⟩ geziemt, nur die Loge des Capitan grande hat einen etwas längeren Uberhang oder herübergeschlagnen Teppich. Die erste Sängerinn wird von ganzen Volcke sehr begünstigt. Wie sie auftritt wird entsezlich geklatscht und die Vögel stellen sich offt für Freuden ganz ungebärdig, wenn sie etwas recht gut macht, das ihr offt geschieht. Es ist ein gutes Wesen, hübsche Figur, schöne Stimme, ein gefällig Gesicht, einen recht honetten Anstand; in den Armen könnte sie etwas mehr Grazie haben.

Indeß komm ich doch nicht wieder. Ich spüre denn doch daß ich zum Vogel verdorben bin.

Dagegen hab ich heute wieder an des Palladio Wercken geschwelgt. Ich komme auch sobald nicht weg, das seh ich schon und laß es sachte angehn. Ich habe ⟨188⟩ ohne dieß an der Iphigenie viel zu thun und sie abzuschreiben. Wo ich das thue ist eins, und besser hier als wo ich mehr in Lärm und Tumult verwickelt werde.

Die Vicentiner muß ich loben daß man bey ihnen die Vorrechte einer grosen Stadt geniest, sie sehen einen nicht an, man mag machen was man will, sind aber übrigens gesprächig, gefällig pp

Besonders wollen mir die Frauens sehr wohlgefallen. Die Veroneserinnen will ich nicht schelten, sie haben eine gute Bildung, vorgebaute Gesichter aber meistens Bleich, und der Zendal thut ihnen Schaden weil man unter der schönen Tracht auch was schönes sucht.

Hier aber find ich gar viel hübsche Wesen, besonders die schwarzhärigen ⟨189⟩ haben ein eigen Interesse für mich, es giebt auch eine blonde Art die mir aber nicht behagen will.

Was mir wohlgefällt ist ein freyes allgemeines Wesen, weil alles immer unter freyem Himmel ist und sich herumlehnt, wird man einander so gewohnt. Heut in der Kirche Madonna del Monte hat ich ein artig Begegniß, konnt es aber nicht fortsetzen.

Heut Abend ging ich anderthalb stunden bis es ganz Nacht war auf dem Platze hin und wieder. Die Basilika ist und bleibt ein herrliches Werck, man kann sich's nicht dencken wenn man's nicht in der Natur gesehn hat, auch die vier Säulen des Pallasts des Capitan sind unendlich schön. Der Platz hat zwischen diesen Gebäuden nur 40 Schritt Breite und ⟨190⟩ und sie nehmen sich nur desto herrlicher aus. Davon einmal mündlich, denn es ist alles in Kupfer gestochen doppelt und dreyfach beschrieben und erinnert einen also leicht. Ich schicke dir auch zwey Büchlein mit aus denen du dich erbauen kannst.

Auch hab ich heute die famose Rotonda, das Landhaus des Marchese Capri gesehn, hier konnte der Baumeister machen was er wollte und er hats beynahe ein wenig zu toll gemacht. Doch hab ich auch hier sein herrliches Genie zu bewundern Gelegenheit gefunden. Er hat es so gemacht um die Gegend zu zieren, von weiten nimmt sich's ganz köstlich aus, in der Nähe habe ich einige unterthänige Scrupel.

Wollte Gott Palladio hätte einen Plan zur Madonna del Monte gemacht und ⟨191⟩ Christen Seelen hätten ihn ausgeführt da würden wir was sehen, von dem wir jetzt keinen Begriff haben.

Nun ein Wort von den Aussichten. Die Rotonda liegt wo so ein Gebäude liegen darf, die Aussicht ist undencklich schön ich mag auch da nicht beschreiben. Vicenz überhaupt liegt ganz herrlich und ich möchte wohl eine Zeitlang hier bleiben, aber freylich nicht im Wirthshause, aber gut eingerichtet irgendwo und sich s dann wohl seyn lassen, die Luft ist herrlich und gesund.

d. 21. Abends.

Ich habe heute den alten Baumeister Scamozzi besucht der des Palladio Gebäude herausgegeben und ein gar braver Mann ist. Er gab mir einige Anleitung. Ich werde morgen auf's Land fahren, ein Landhaus des Conte Tiene zu sehen. pp.

⟨192⟩ Du erinnerst dich vielleicht daß unter den Gebäuden des Palladio eins ist das la Casa di Palladio genennt wird, ich hatte immer eine besondere Vorliebe dafür; aber in der Nähe ist es noch weit mehr, ist es erst was man sich gar nicht abwesend denken kann. Wenn ich komme wird davon viel Redens seyn. Wenn es nicht gleich Aufsehens machte und ich meine humilem personam nicht kompromittirte; so ließ ich es zeichnen und illuminiren wie es dasteht mit einigen Nachbarhäusern.

Ich gehe nur immer herum und herum und sehe und übe mein Aug und meinen innern Sinn. Auch bin ich wohl und von glücklichem Humor. Meine Bemerkungen über Menschen, Volck, Staat, Regierung, Natur, Kunst, Gebrauch, Geschichte gehn immer fort und ohne daß ich im mindsten aufge- ⟨193⟩ spannt bin hab ich den schönsten Genuß und gute Betrachtung. Du weißt was die Gegenwart der Dinge zu mir spricht und ich bin den ganzen Tag in einem Gespräche mit den Dingen. Ich lebe sehr mäsig. Den ro⟨t⟩hen Wein der hiesigen Gegend, schon von Tyrol her, kan ich nicht vertragen, ich trincke ihn mit viel

Wasser wie der Heil. Ludwig, nur schade daß ich zum Heiligen zu alt bin.

Heut hab ich auch den Dr. Tura besucht. Wohl fünf Jahre hat er sich mit Passion aufs Studium der Botanick gelegt, ein Herbarium von der Flora Italiens gesammelt, unter dem vorigen Bischof einen Botanischen Garten angelegt. Das ist aber alles hin; die Medicinische Praxis vertrieb die Naturgeschichte, das Herbarium wird von Würme⟨r⟩n gefressen, der Bischoff ist todt und der ⟨194⟩ Botanische Garten ist wieder, wie billig, mit Kohl und Knoblauch bepflanzt. Dr Tura ist ein gar feiner guter Mann, er erzählte mir mit Offenherzigkeit, Reinheit und Bescheidenheit seine Geschichte, sprach überhaupt sehr bestimmt und gefällig dabey, hatte aber nicht Lust seine Schräncke aufzumachen, war bald fertig und ließ mich gehn.

Gegen Abend ging ich wieder zur Rotonda die eine halbe Stunde von der Stadt liegt, dann zur Madonna del Monte und schlenderte durch die Hallen herunter, wieder auf den vielgeliebten Platz, kaufte mir für 3 Soldi ein Pfund Trauben verzehrte sie unter den Säulengängen des Palladio und schlich nach hause als es dunkel und kühl ⟨195⟩ zu werden anfing.

Heut Abend ist wieder Oper ich kann mich aber nicht entschließen das Opus noch einmal zu leiden, ob ich gleich die Ballette die heute verändert sind wohl gerne sähe.

Wir wollen die Nacht zum Schlafen anwenden um den morgenden Tag desto beßer zu nutzen.

Hier die Inschrifften der Rotonda wie sie an den vier Frontons stehn.

Marcus Capra Gabrielis F.

Qui aedes has arctissimo primogeniturae gradui subjecit.

Vna cum omnibus censibus agris vallibus et collibus citra viam magnam

Memoriae perpetuae mandans haec dum sustinet ac abstinet.

Das Ganze, besonders der Schluß ein herrlicher Text zu künftigen Unterredungen.

⟨196⟩ d. 22ten S.

Noch immer in Vicenz und wohl noch einige Tage hier. Wenn ich ganz meinem Geiste folgen dürfte, legt ich mich einen Monat hierher, machte bey dem alten Scamozzi einen schnellen Lauf der Architecktur und ging dann wohl ausgestattet weiter. Das ist aber für meinen Plan zu ausführlich und wir wollen ehstens wieder fort.

Heute früh war ich in Tiene das nordwärts gegen das Gebirge liegt und wo ein neu Gebäude nach einem alten Riße aufgeführt wird, ein trefflich Werck, bis auf weniges was ich zu erinnern habe. Es liegt ganz trefflich, in einer grosen Plaine, die Kalck Alpen ohne zwischen Gebirg hinter sich. Vom Schlosse her an der graden Chaussee hin, fliest zu beyden Seiten leben- ⟨197⟩ diges Wasser und wässert die weiten Reisfelder durch die man fährt.

Heut Abend war ich in einer Versammlung welche die Akademie der Olympier hielt. Ein Spielwerck aber ein recht gutes, es erhält noch ein Bißchen Salz und Leben unter den Leuten.

Der Saal ist neben dem Theater des Palladius, anständig, wohl erleuchtet der Capitan und ein Theil des Adels war zugegen. Ubrigens ein Publicum von den obern Ständen, viele Geistliche, ohngefähr 500.

Der Präsident hatte die Frage aufgegeben: ob E r f i n d u n g o d e r N a c h a h m u n g d e n s c h ö n e n K ü n s t e n m e h r V o r t h e i l g e b r a c h t h a b e ? Du siehst daß wenn man die beyden trennt und so ⟨198⟩ fragt, man hundert Jahre hinüber und herüber reden kann. Auch haben sich die H. Akademiker dieser Gelegenheit weidlich bedient und in Prosa und Versen mancherley vorgebracht, worunter viel Guts war. Und überhaupt es ist doch ein lebendig Publikum. Die Zuhörer riefen Bravo, klatschten, lachten. Wenn das meine Nation und meine Sprache wäre ich wollte sie toll machen.

Du kannst denken daß Palladio an allen Ecken war, und einer hatte den guten Einfall zu sagen die andern hätten ihm den Palladio weggenommen er wolle den Franceschini loben |: ein groser Seidenfabrikant :| und fing nun an zu zeigen was die N a c h a h m u n g ⟨199⟩ der Lioner und Florentiner Stoffe ihm und Vicenz für Vortheile gebracht habe. Du kannst denken daß es viel Gelächter gab.

Uberhaupt fanden die, die für die Nachahmung sprachen, mehr Beyfall denn sie sagten lauter Dinge die der Haufe denkt und denken kann. ob sie gleich der schwächere Theil waren. Einmal gab das Publikum, mit grosem Hände klatschen, einem recht groben Sophism seinen herzlichen Beyfall. Einer der für die Erfindung sprach sagte recht gute Sachen, die aber grad nicht sentirt wurden. Mich freut es sehr auch das gesehen zu haben. Es geht mir alles gut. und den Palladio nach soviel zeit von seinen Landsleuten wie einen Stern verehrt zu sehn ist doch schön pp. Viel Gedancken darüber mündlich

⟨200⟩ Ich habe nun erst die zwey Italiänischen Städte gesehn, T ö c h t e r Städte |: um nicht zu sagen Provinz Stadte :| und habe noch fast mit keinem Menschen gesprochen aber ich kenne meine Italiäner schon gut. Sie sind wie die Hofleute, die sich fürs erste Volck der Welt halten und bey gewißen Vortheilen die sie haben, sichs ungestraft und bequem einbilden können. Überhaupt aber eine recht gute Nation, man muß nur die Kinder und die gemeinen Leute sehn, wie ich sie jetzt sehe und sehen kann, da ich ihnen immer exponirt bin und mich ihnen exponire.

Wenn ich zurückkomme sollst du die besten Schilderungen haben. Und was das für Figuren für Gesichter sind.

⟨201⟩ Ich war lang willens Verona oder Vicenz dem Mignon zum Vaterland zu geben. Aber es ist ohne allen Zweifel Vicenz, ich muß auch darum einige Tage länger hier bleiben. Lebe wohl. Ich sudle heut Abend wild, aber es ist besser etwas als nichts. Federn und Dinte und alles ist strudelich.

d. 23. S.

Ich schleiche noch immer herum, thue die Augen auf und sehe, wie natürlich, täglich mehr. Von Gebäuden nichts weiter. Wenn wir die Kupfer zusammen ansehn dann gar viel.

Schönes Wetter diese Tage her, heute bedeckt und kühl, doch keine feuchte Kälte die uns im Norden tödtet.

Ich schreibe nun an meiner Iphigenie ab, das nimmt mir manche Stunde. und doch gibt mirs unter dem fremden ⟨202⟩ Volcke unter denen neuen Gegenständen ein gewißes Eigenthümliches und ein Rückgefühl ins Vaterland.

Meine angefangne Zueignung ans deutsche Publikum werf ich ganz weg und mache eine neue, sobald die Iph. fertig ist.

Die Frauen tragen sich hier reinlich. Ein weises Tuch das der niedre Stand über den Kopf schlägt und wie in einen Schleyer darein wickelt, thut den Gesichtern nicht gut, es muß eins recht hübsch seyn wenn es dadurch nicht zu Grunde gerichtet werden soll. Wenn man ausser der Zeit des Gottesdiensts in eine dunkle Kirche kommt und so ein Paar verschleierte fromme Seelen drin sitzen oder knien, siehts Gespenstermäsig genug aus.

Die Art der geringen Fraun Leute sich das Haar zurück zu binden. und in Zöpfe zu flechten ist den Jungen ⟨203⟩ vorteilhaft den Altern schädlich, die Haare gehen aus und die Vorderseite wird kahl.

Die Weiber tragen an einem Bügel oder Bogen von schwanckendem Holze, Körbe, Eimer pp was sie zu tragen haben.

Sie können sich es gar bequem machen, indem sie, wenn es schwere Sachen sind, auch zugleich die Henckel mit den Händen fassen können, wie obenstehende Figur ausweiset.

Das Volck selbst ist gewiß von Grund aus gut, ich sehe nur die Kinder an und gebe mich mit ihnen ab, auch mit den alten. In meiner Figur, zu der ich noch leinene Unterstrümpfe zu ⟨204⟩ tragen p⟨f⟩lege, |: wodurch ich gleich einige Stufen niedriger rücke :| Stell ich mich auf den Marckt unter sie, rede über jeden Anlaß, frage sie, sehe wie sie sich unter einander gebärden, und kann ihre Natürlichkeit, freyen Muth, gute Art p nicht genug loben. Von allem diesem in der Folge mehr und wie das mit dem was man von ihrer Arglist, Mistrauen, Falschheit, ja Gewaltthätigkeit sagt zusammenhängt mündlich, wenn wir sie erst mehr gesehen haben.

Ich bin recht wohl und munter, nur gegen Abend muß ich mich in Acht nehmen, da kann ich ein klein wenig traurig werden und die Sehnsucht nach dir, nach Fritzen, Herdern, irgend einer subalterneren theilnehmenden Seele nimmt überhand. Ich laß sie aber nicht aufkommen, beschäfftige mich und so gehts vorüber.

⟨205⟩ d. 24. S.

Es geht immer den alten Weg. Früh wird an der Iph. gearbeitet und ich hoffe sie soll euch freuen da sie unter diesem Himmel reif geworden, wo man den ganzen Tag nicht an seinen Körper denkt sondern wo es einem gleich wohl ist. Gestern ging ich mit dem Stück in der Tasche auf den Campo Marzo und sah am Berge gegenüber ein Paar gar artige Gegenstände, ich zeichnete sie geschwind auf das vordere und hintere weiße Blat des Stücks und du erhälst sie mit diesem. Viele Hundert ia tausend solcher Blätter und Blätgen könnte man im Bezirck einer Stunde hier zeichnen, ich darf mich nur jetzt nicht drauf einlassen.

Heut sah ich die Villa Valmarano die Tiepolo dekorirt und allen seinen Tugenden und Fehlern freyen Lauf gelassen hat. Der hohe Styl gelang ⟨206⟩ ihm nicht wie der natürliche, und in diesem letzten sind köstliche Sachen da, im Ganzen aber als Dekoration gar fröhlich und brav.

An der Architecktur geh ich denn immer so hin, mit meinem selbstgeschnitzten Maasstab und reiche weit, freylich fehlt mir viel, indeß wollen wir damit vorlieb nehmen und nur brav einsammeln. Die Hauptsache ist daß alle diese Gegenstände, die nun schon über 30 Jahre auf meine Imagination abwesend gewürckt haben und also alle zu hoch stehn, nun in den ordentlichen C a m m e r - und H a u s Ton der Coexistenz herunter gestimmt werden.

Ich lebe sehr diät und halte mich ruhig damit die Gegenstände keine erhöhte Seele finden, sondern die Seele erhöhen. Im lezten Falle ⟨207⟩ ist man dem Irthum weit weniger ausgesezt als im ersten. Und dann freu ich mich dir zu schreiben, wie ich mich freue vor den Gegenstand mit dir sprechen und meiner Geliebten alles in die Ferne zuzuschicken was ich ihr einmal in der Nähe zu erzählen hoffe. Dann macht es mir auch einen frohen Gedanken daß du das Gegenwärtige und noch mehr in 6 Wochen längstens haben kannst.

Doch muß man auf alle Fälle wieder und wieder sehn, wenn man einen reinen Eindruck der Gegenstände gewinnen will. Es ist ein sonderbares Ding um den ersten Eindruck, er ist immer ein Gemisch von Wahrheit und Lüge im hohen Grade. ich kann noch nicht recht herauskriegen wie es damit ist.

⟨208⟩ Ich sehe immer mit Betrübniß das Tyroler Gebirg trübe, wahrscheinl. habt ihr übel Wetter, hier regnets einmal, doch ists bald wieder schön. Die Morgende und Abende sind kühl.

d 25. S. Abends 22.
nach unsrer Uhr 5.

Noch einmal von Vicenz. Ich verlasse diesen Ort ungern, es ist gar viel für mich hier. Wäre es möglich mit dir eine Zeit in dieser Gegend zuzubringen! Allein wir sind auf ewig daraus verbannt; man müßte, wenn man hier leben wollte, gleich katholisch werden, um Theil an der Existenz der Menschen nehmen zu können. Alles ladet dazu ein und es ist viel Freyheit und Freymütigkeit unter ihnen.

Ich war auf der Bibliotheck, die Büste des berühmten Juristen Bartolius zu sehen, die aus Marmor gearbeitet oben steht. Es ist ein festes, freyes wackres, schönes Gesicht von treff- ⟨209⟩ licher Bildung und freut mich auch diese Gestalt in der Seele zu besitzen.

Bey den Dominikanern steht eine antike Statue die als Iphigenie genannt ist. Es ist aber völlig die Idee der Vestalinnen von denen wir eine grose und kleine im Abguß besitzen. Weil die Hände angedrückt und in das Gewand verwickelt sind; so haben diese Statuen weniger gelitten, der Kopf ist aber neu und viel zu gros.

Noch einige Gebäude hab ich besehn und mein Auge fängt sich gut an zu bilden, ich habe nun Muth dem mechanischen der Kunst näher zu treten. Was mich freut ist daß keine von meinen alten Grundideen verrückt und verändert wird, es bestimmt sich nur alles mehr, entwickelt sich und wächst mir entgegen.

Ich war noch einmal auf dem Berge der Madonna. Das Cabinet eines der PP. Serviten hat vieles aber nicht viel. ⟨210⟩ Von einem Balkon seines Zimmers aber ist eine Aussicht die man nur stumm betrachten kann. In der Höhe, in der sogenannten Foresteria wo vornehme Fremde bewirthet werden ist sie noch weiter da hat man auch Vicenz und die Tyroler Gebirge.

Wenn man wieder herunter steigt hat man einen Hügel zur lincken seite der spitz ist, frey steht und bis auf den Gipfel mit Reben angelegt ist, einige grose Lauben stehen auch da und oben schliest ein Trupp Cypressen. Ich habe ihn diese acht Tage her immer mit Freuden angesehn.

Übrigens gefallen mir die Vicentiner immer sehr wohl; sie haben eine freye Art Humanität, die aus einem immer öffentlichen Leben herkommt. Auch gehts von einem zum andern Kirchen, Markt, Spazirgang, Wallfahrt, |: so nenn ich die Promenade zur Mutter Gottes :| Theater, ⟨211⟩ öffentliche Specktakel, Carnaval pp. und das weibliche Geschlecht ist im Durchschnitte schön, und leben so ohne Coquetterie vor sich hin, sind durchaus reinlich gekleidet. Ich habe sie alle recht scharf angesehn und in denen acht Tagen nicht mehr als Eine gesehen, von der ich gewiß sagen mögte daß ihre Reitze feil sind.

Auch die Männer find ich höflich und zuvorkommend. Ich trete in einen Buchladen und frage den Mann nach einem Buche, das er sich nicht gleich besinnt, es sitzen verschiedne Personen von gutem Stande herum geistliche weltliche. Einer fängt gleich mit dem Buchhandler zu reden an, hilft ihm und mir zurechte und das alles ganz grade hin, als wenn man sich lange kennte und ohne weiteres.

Das hab ich an ihnen bemerkt. Sie sehen einen von Kopf biß zu Fuße an, und scheinen einen trefflich Phisiognomischen Kleiderblick zu haben. Nun ists mein ⟨212⟩ Spas sie mit den Strümpfen irre zu machen, nach denen sie mich unmöglich für einen Gentleman halten können. Ubrigens betrag ich mich gegen sie offen, höflich, gesezt und freue mich nur so frey ohne Furcht erkannt zu werden herumzugehn. Wie lang es währen wird.

Ich kan dir nicht sagen was ich schon die kurze Zeit an Menschlichkeit gewonnen habe. Wie ich aber auch fühle was wir in den kleinen Souverainen Staaten für elende einsame Menschen seyn müssen weil man, und besonders in meiner Lage, fast mit niemand reden darf, der nicht was wollte und mögte. Den Werth der Geselligkeit hab ich nie so sehr gefühlt und die Freude die meinigen wieder zu sehn, in der Entfernung, nie so lebhaft.

Die Gebäude hab ich wieder und wieder besehn und begangen.

⟨213⟩ Bey den Dominikanern gefiel mir auf dem Bilde der Anbetung der 3 Könige, der unschuldige, obgleich nicht christlich erhabne, Gedanke, daß sich das Kindlein vor dem Alten fürchtet, der es kniend verehrt, und ein ängstlich Maulgen zieht.

Der Kirchen und Altarblätter kriegt man so satt daß man manches Gute übersieht und ich bin nur im Anfange.

Hier will ich eine Bemerkung hersetzen, über den Punckt, in

dem so manche Reisende fehlen, in dem ich auch sonst gefehlt habe.

Jeder denckt doch eigentlich für sein Geld auf der Reise zu g e n i e ß e n . Er erwartet alle die Gegenstände von denen er so vieles hat reden hören, nicht zu finden, wie der Himmel und die Umstände wollen, sondern so rein wie sie in seiner Immaginati- on ⟨214⟩ stehen und fast nichts findet er so, fast nichts kann er so genießen. Hier ist was zerstört, hier was angekleckt, hier stinkts, hier rauchts, hier ist Schmutz pp so in den Wirthshäusern, mit den Menschen pp.

Der Genuß auf einer Reiße ist wenn man ihn rein haben will, ein abstrackter Genuß, ich muß die Unbequemlichkeiten, Widerwärtigkeiten, das was mit mir nicht stimmt, was ich nicht erwarte, alles muß ich bey Seite bringen, in dem Kunstwerk nur den Gedancken des Künstlers, die erste Ausführung, das Leben der ersten Zeit da das Werk entstand heraussuchen und es wieder rein in meine Seele bringen, abgeschieden von allem was die Zeit, der alles unter- ⟨215⟩ worfen ist und der Wechsel der Dinge darauf gewürckt haben. Dann hab ich einen reinen bleibenden Genuß und um dessentwillen bin ich gereißt, nicht um des Augenblicklichen Wohlseyns oder Spases willen. Mit der Betrachtung und dem Genuß der Natur ists eben das. Triffts dann aber auch einmal zusammen daß alles paßt, dann ists ein großes Geschenk, ich habe solche Augenblicke gehabt.

Ich schreibe dir eben immer so fort weil ich weiß daß es dir Freude machen wird. Alles wird sich besser und bestimmter sagen lassen. Mein ganzes Gemüth ist bey und mit dir und meine beste Hoffnung ist dich wieder zu sehen.

⟨216⟩ Padua d. 26 Abends.

Du kannst immer dencken daß ich dir bey einbrechender Nacht schreibe, denn da ist mein Tagewerck vollbracht.

In vier Stunden bin ich von Vicenz heute früh herübergefahren. Wie gewöhnlich auf ein einsitzig Chaischen |: Sediola :| mit meiner ganzen Existenz gepackt. Man fährt sonst bequem in vierthalb Stunden, da ich aber den köstlichen Tag gern unter freyem Himmel genoß war es mir lieb daß der Vetturin seine Schuldigkeit nicht that. Es geht immer in der schönsten Plaine süd ostwarts, man hat wenig Aussicht weil man zwischen Hecken und Bäumen hinfährt. Biß man endlich die schönen Gebirge von Este, eine vulkanische Reihe, die von Nord gegen Süden streichen, zur rechten Hand ⟨217⟩ sieht.

Auf dem Wege wünscht ich dir nur die Fülle des Hängewercks der Pflanzen über Mauern, Hecken, an Bäumen herunter mit einen Blick zeigen zu können. Die Kürbiße auf den Dächern pp

Nun denn in Padua! und habe in fünf Stunden was Volckmann anzeigt meist gesehen; nichts was mich recht herzlich gefreut hätte aber manches das gesehen zu haben gut ist.

Diesmal will ich Volckmannen folgen den du im 3. Theil auf der 638. Seite nachschlagen wirst. Ich nehme an daß du die Artickel liesest, und ich mache nur meine Anmerckungen.

p. 639. e r s c h r e c k l i c h e E r d b e b e n Die Nähe der Gebirge von Este mag daran Schuld seyn, sie liegen nur 6 Ital. ⟨218⟩ Meilen von hier ab, und sind noch warme Bäder hierherwärts. Da mögen noch so alte böse Reste in den Eingeweiden oder vielmehr unter der Haut der alten Mutter gesteckt haben, ob ich gleich noch keine rechte Idee davon habe.

B e n a c h b a r t e n H ü g e l keine nähern als die Berge von Este. Die Stadt liegt herrlich, ich sah sie vom Observatorio. Gegen Norden die beschneiten und in Wolcken halb versteckten Tyroler Gebirge, an die sich gegen Nord west die Vicentinischen Vulkanischen Berge anschließen und endlich gegen Westen die nähern Gebirge von Este, deren Gestalt und Vertiefung man deutlich erkennen kann. Gegen Süd und ⟨219⟩ Ost eine grüne See ohne eine Spur von Erhöhung Baum an Baum Busch an Busch, Pflanzung an Pflanzung bis an den fernsten Horizont, und aus der Grüne sehen unzähliche weiße Häuser, Villen, Kirchen pp heraus.

Vom Observatorio konnt ich durch den Tubus ganz deutlich den Markus thurm von Venedig und die andern geringern Thürme sehn.

p 6 4 1 . D a s P f l a s t e r d e r S t a d t pp es ist Lava von den Estischen Bergen ich habe welche mitgenommen.

r o t h e r M a r m o r ein rother ziemlich fester Kalckstein wie der Veroneser.

p 6 4 2 M a r i e v o n G i o t t o hab ich nicht finden können. S a k r i s t e y war zu.

⟨220⟩ p. 642. St. Antonio Von diesem barbarischen Gebäude mündlich.

p. 646. Kardinal Bembo Es ist nur gut daß man den Heiligen Kirchen gebaut hat; so hat man doch auch einen guten Ort wo man vernünftige und edle Menschen aufstellen kann. Es ist ein schönes, wenn ich so sagen soll mit Gewalt in sich gezognes Gesicht und ein mächtiger Bart. Die Büste steht zwischen Jonischen Säulen die mir von dem Grabmal des Porto in Vicenz |: s. p. 677 :| nachgeahmt scheinen. Die Inschrifft ist schön:

Petri Bembi Card. imaginem
Hier. Guirinus Ismeni F.
in publico ponendam curavit
ut cujus Ingenii
monumenta aeterna sint
ejus corporis quoque memoria
ne a posteritate desideretur.

⟨221⟩ Eine würdige Inschrifft dem Manne der nicht gern in der Bibel las um seinen lateinischen Styl, wahrscheinlich auch um seine Imagination nicht zu verderben.

p. 647. Helena Cornara Wohlgebildet nicht liebenswürdig, wie sich's einer Minerva-Geweihten geziemen will.

p. 644 Hl. Agathe von Tiepolo Das Gesicht nicht erhaben aber erstaunend wahr, physischer Schmerz und getroste Duldung schön ausgedrückt. Wenn die Martyrthümer nur nicht immer die fatalen armen Sünderschafften mit sich schlepptn.

p 647. Enthauptung Joh. von Piazetta. Ein recht brav Bild. Immer des Meisters Manier vorausgesetzt. Joh kniet die Hande vor sich hinfaltend mit dem rechten Knie an einem Stein, er sieht gen Himmel ⟨222⟩ ein Kriegsknecht der ihn gebunden hat fährt an der rechten Seite herum und sieht ihn in's Gesicht als wenn er über die Resignation erstaunte womit der Mann sich hingiebt in der höhe steht ein andrer der den Streich vollführen soll, hat aber das Schwerdt nicht sondern nur die Hände aufgehoben wie einer der sich zu dem Streiche vorbereitet, das Schwerdt zieht einer tiefer unten aus der Scheide. Der Gedancke ist neu und die Composition frappant übrigens auch wieder eine Arme sünderschafft.

p. 648. Scuola del Santo Die Bilder von Titian wundernswürdig wie sie der alten Deutschen holbeinischen Manier nah kommen. Von der sich ienseits der Alpen keiner erhohlt ⟨223⟩ hat. Eine erstaunende alles versprechende Wahrheit ist drin.

Sie haben mich, wie überhaupt mehr alte Gemälde viel zu dencken gemacht.

p. 649. Marter d. Heil Justina von Paul Ver. Er hat den Fehler den ich schon in Vicenz bemerkte zu viel Figuren auf so ein Bild zu bringen und sie zu klein zu machen, die haben nun von so einem Hoch Altar herunter keine Gegenwart .das übrige sagt Volckmann.

650. Zimmer des Abts Ein schön Bild von Quercin da Cento Gerechtigkeit und Friede.

ibid. Auserlesne Bücher. ist nicht zu laugnen. Alte Schrifftsteller, die ⟨224⟩ Italiänischen Dichter. Kirchenväter verstehn sich von selbst. pp Was ich so flüchtig übersah war alles gut und brauchbar.

ibid. Prato della valle Sie haben rings um den Platz ihren berühmten Männern Bildsäulen gesezt und auch Privatleuten erlaubt einem verdienten Mann aus seiner Familie eine Statue zu sezen wie die Inschrifften zeigen. Die Messe die hier gehalten wird ist berühmt.

p. 655 Abnehmung vom Kreuz von Bassan recht brav, und so edel als er etwas machen konnte.

ibid. Salone. Wenn man so etwas nicht gesehn hat glaubt mans nicht oder kann sichs nicht dencken.

p. 658 il Bo ist mir lieb daß ich darin nichts zu lernen hatte. Man denckt sich auch diese Schul-Enge nicht wenn mans nicht gesehn hat ⟨225⟩ besonders ist das Anatomische Theater würklich als ein Wunder werck anzusehen. Es ist über alle Beschreibung.

Der Botanische Garten ist desto artiger und muntrer, obgleich ietzt nicht in seiner besten Zeit. Morgen soll ihm der größte theil des Tags gewidmet werden. Ich habe heut im durchgehn schon brav gelernt.

Gute Nacht für heute! Ich habe gesudelt was ich konnte um nur etwas aufs Papier zu bringen.

Padua d. 27. Mittag.

Heute früh ward noch einigs nachgehohlt. aus dem Botanischen Garten vertrieb mich ein Regen. Ich habe drin schöne Sachen gesehn und dir zum Scherz einiges eingelegt. Der fremden Sachen laßen sie viel im Lande stehn gegen Mauern angelehnt oder nicht weit davon und über bauen alsdann das Ganze gegen ⟨226⟩ Ende Oktobers und heitzen es die wenigen Wintermonate.

Abends. 27. S.

Wie gewöhnlich meine liebe wenn das Ave Maria della Sera gebetet wird wend ich meine Gedancken zu dir; ob ich mich gleich nicht so ausdrücken darf, denn sie sind den ganzen Tag bey dir. Ach daß wir doch recht wüßten was wir an einander haben wenn wir beysammen sind.

Auch hab ich heut die Wercke des Palladio gekauft einen Folio band. Zwar nicht die erste Ausgabe aber einen sehr sorgfältigen Nachdruck den ein Engländer besorgt hat. Das muß man den Engländern lassen daß sie von lang her das Gute zu schätzen gewußt haben. Und daß sie eine vornehme Art haben vornehm zu seyn.

⟨227⟩ Heute hab ich die Statuen auf dem Platze nochmals durchgesehn, sie sind meist von Partikuliers und Zünften auch Fremden gesetzt. So hat der König von Schweden Gustav Adolphen hinsetzen laßen, weil man sagt, er habe einmal in Padua eine Lecktion angehört. Der Erzherzog Leopold dem Petrarch und Galiläi. u. s. w. Die Statuen sind in einer modernbraven Manier gemacht. Wenige übermanierirt, einige recht natürl. Die Innschrifften gefallen mir auch recht wohl, sie sind lateinisch und ist nichts abgeschmacktes oder kleines darunter. Päpste und Dogen stehen an den Eingängen. Es kann ein recht schöner Platz werden wenn sie die hölzerne F i e r a wegschaffen und eine von Stein jenseits des Platzes bauen wie der ⟨228⟩ Plan seyn soll.

Heute Abend setzte ich mich in die Kirche der Hl. Justina die zwar in keinem grosen Geschmack aber doch groß und Einfach gebaut ist, in einen Winckel und hatte meine stille Betrachtungen. Da fühlt ich mich recht allein, denn kein Mensch auf der Welt der in dem Augenblick an mich gedacht hätte, würde mich in diesem Winckel gesucht haben.

Die Stadt ist groß und wenig bevölckert jetzt noch leerer, da Vakanzen der Schule sind und der Adel auf dem Lande wohnt. Man muß sich deswegen an die Vorfahren auf dem Prato della Valle halten.

Schöne Bestätigungen meiner Botanischen Ideen hab ich wieder gefunden. Es wird gewiß kommen und ich dringe noch weiter. Nur ⟨229⟩ ists sonderbar und manchmal macht michs fürchten, daß so gar viel auf mich gleichsam eindringt dessen ich mich nicht erwehren kann daß meine Existenz wie ein Schneeball wächst, und manchmal, ists als wenn mein Kopf es nicht fassen noch ertragen könnte, und doch entwickelt sich alles von innen heraus, und ich kann nicht leben ohne das.

In der Kirche der Eremitaner habe ich Gemälde von Mantegna eines der älteren Mahler gesehen vor denen ich erstaunt bin! Was in den Bildern für eine scharfe sichre Gegenwart ist läßt sich nicht ausdrücken. Von dieser ganzen, wahren, |: nicht scheinbaren, Effecktlügenden, zur Immagination sprechenden :| derben reinen, lichten, ausführlichen ⟨230⟩ gewißenhaften, zarten, umschriebnen Gegenwart, die zugleich etwas strenges, emsiges, mühsames hatte gingen die folgenden aus wie ich gestern Bilder von Titian sah und konnten durch die Lebhafftigkeit ihres Geistes, die Energie ihrer Natur, erleuchtet von dem Geister ⟨Geiste⟩ der Alten immer höher und höher steigen sich von der Erde heben und himmlische aber wahre Gestalten hervorbringen. Es ist das die Geschichte der Kunst und jedes der einzelnen grosen ersten Künstler nach der barbarischen Zeit.

Die Baukunst steht noch unendlich weit von mir ab, es ist sonderbar wie mir alles darin so fremd, so entfernt ist, ohne mir neu zu seyn. Ich hoffe aber auch ⟨231⟩ diesmal wenigstens in ihre Vorhöfe gelassen zu werden.

═══

Nun wäre auch hier einmal wieder eingepackt und morgen früh gehts auf der Brenta zu Wasser fort. Heute hats geregnet nun ists wieder ausgehellt und ich hoffe die Lagunen und die ehmals triumphirende Braut des Meers bey schöner Tagszeit zu erblicken und dich aus ihrem Schoos zu begrüßen jetzt gute Nacht.

Reise-Tagebuch
Viertes Stück.

Venedig.

1786.

⟨247⟩ Venedig.

So stand es denn in dem Buche des Schicksals auf meinem Blatte geschrieben, daß ich d. 28 Sept. Abends, nach unsrer Uhr um fünfe, Venedig zum erstenmal, aus der Brenta in die Lagunen einfahrend, erblicken, und bald darauf diese wunderbare Inselstadt, diese Biber Republick betreten und besuchen sollte. So ist denn auch Gott sey dank V e n e d i g kein bloses Wort mehr für mich, ein Nahme der mich so offt, der ich von jeher ein Todt feind von Wortschällen gewesen bin, so oft geängstigt hat.

Wie die erste Gondel an das Schiff anfuhr, fiel mir mein erstes Kinderspielzeug ein, an das ich vielleicht in zwanzig Jahren nicht mehr gedacht hatte. Mein Vater hatte ein schönes Gondelmodell von Venedig mitgebracht, er hielt es sehr sehr werth und es ward mir hoch angerechnet wenn ich damit spielen durfte. Die ersten Schnäbel ⟨248⟩ von Eisenblech, die schwarzen Gondelkäfige, alles grüßte ich wie eine alte Bekanntschafft, wie einen langentbehrten ersten Jugend Eindruck.

Und da ich mir blos zu reisen scheine um dir zu erzählen; so setz ich mich nun hin, da es Nacht ist, dir mancherley vorzusagen.

Ich bin gut logirt in der K ö n i g i n n v o n E n g l a n d , nicht weit vom Marcus Platz, der größte Vorzug des Quartirs.

Meine Fenster gehn auf einen schmalen Kanal, zwischen hohen Häusern, gleich unter mir ist eine Brücke und gegenüber ein schmales belebtes Gäßgen. So wohn ich und so werd ich eine Zeitlang bleiben, biß mein Packet für Deutschland fertig ist und biß ich mich am Bilde dieser Stadt satt gesogen habe.

Die Einsamkeit nach der ich so oft ⟨249⟩ sehnsuchtsvoll geseufzt habe, kann ich recht genießen, wenn ein Genuß darin ist, denn nirgend kann man sich einsamer fühlen als in so einem Gewimmel, wo man ganz unbekannt ist, in Venedig ist vielleicht kaum ein Mensch der mich kennt und der wird mir nicht begegnen. Wir hatten herrlich Wetter zur Fahrt auf der Brenta her die Volckm. p. 636. gut beschreibt, ich ging mit dem öffentlichen Schiffe und kann den Anstand, die Ordnung einer so gemischten Gesellschafft des mittlern Standes nicht genug loben. Einige recht hübsche und artige Weiber und Mädgen waren drunter. Es wird mir erstaunend leicht mit diesem Volcke zu leben. Ohnfern

Venedig nahm ich mit noch einem eine Gondel und wir fuhren herein. Es ist groser respecktabler Anblick.

⟨250⟩ Ich eilte auf den Markus Platz und mein Geist ist nun auch um dieses Bild reicher und weiter. Heut abend sag ich nichts weiter. Ich werde hier Zeit finden dir meine Gedancken mitzutheilen. Lebe wohl! du immer gleich herzlich und zärtlich Geliebte.

d. 29 früh.

Es hatte sich gestern Abend der ganze Himmel überzogen, ich war in Sorge es mögte Regen eintreten, den auch die Wasser Vögel verkündigten. Heut ists wieder herrlich Wetter. Mein Pensum an der Iph. absolvirt und ich ziehe mich nun an und gehe aus. Vorher begrüß ich dich und wünsche dir einen guten Morgen.

Mich⟨a⟩älistag Abends.

Nach einem glücklich und wohl zugebrachten Tage, ist mir's immer eine unaussprechlich süße Empfindung wenn ich mich hinsetze dir zu schreiben. Ungern verließ ich den Markus Platz da es Nacht wurde; ⟨251⟩ aber die Furcht zuweit zurückzubleiben trieb mich nach Hause.

Von Venedig ist alles gesagt und gedruckt was man sagen kann, darum nur weniges wie es mir entgegen kommt. Die Haupt Idee die sich mir wieder hier aufdringt ist wieder V o l c k. Große Masse! und ein nothwendiges unwillkührliches Daseyn. Dieses Geschlecht hat sich nicht zum Spaß auf diese Inseln geflüchtet, es war keine Willkühr die andre trieb sich mit ihnen zu vereinigen, es war Glück das ihre Lage so vorteilhaft machte, es war Glück daß sie zu einer Zeit klug waren da noch die ganze nordliche Welt im Unsinn gefangen lag, ihre Vermehrung ihr Reichthum war nothwendige Folge. nun drängte sichs enger und enger Sand und Sumpf ward zu Felsen unter ⟨252⟩ ihren Füßen, ihre Häuser suchten die Luft, wie Bäume die geschloßen stehn, sie mußten an Höhe zu gewinnen suchen was ihnen an Breite abging, geitzig auf iede Handbreit Erde und gleich von Anfang in Enge Räume gedrängt, ließen sie zu Gaßen nicht mehr breite als Haus von Haus zu sondern und Menschen einigen Durchgang zu laßen und übrigens war ihnen das Wasser statt Straße, Plaz, Spazirgang, genug der Venetianer mußte eine neue Art von Geschöpf werden und so auch Venedig nur mit sich selbst verglichen werden kann. Wie dem grosen Canal wohl keine Strase in der Welt sich vergleichen kann; so kann dem Raume vor dem Markus Platz wohl auch nichts an die Seite gesetzt werden. Den grosen Spiegel Wasser meyn ich der an ⟨253⟩ der einen Seite von dem eigentlichen Venedig im halben Mond umfaßt ist, gegen über die Insel St Giorgio hat, etwas weiter rechts die Giudecca und ihren Canal, noch weiter Rechts die Dogana und die Einfahrt in den Canal Grande. Ich will auf dem Plan von Venedig den ich beylege zum Uberfluße Linien ziehen auf die Haupt Punkte die in das Auge fallen wenn man aus den zwey Säulen des H e i l . Markus Plaze heraustritt. |: NB ich habe es unterlaßen weil es doch kein Bild giebt :|

Ich habe das alles mit einem stillen feinen Auge betrachtet und mich dieser grosen Existenz gefreut. Nach Tische ging ich, um Stufenweiße zu schreiten, erst zu Fuße aus und warf mich ohne Begleiter, nur die Himmelsgegenden merckend ⟨254⟩ ins Labyrinth der Stadt. Man denkt sichs auch nicht ohne es gesehen zu haben. Gewöhnlich kann man die Breite der Gasse mit ausgestreckten Armen entweder ganz oder beynahe messen, in kleinern Gäßgen könnte man die Arme nicht einmal ausstrecken. Es giebt breitere Strasen, aber proportionirlich alle eng. Ich fand leicht den Grosen Canal und den Ponte Rialto. es ist ein schöner groser Anblick besonders von der Brücke herunter, da sie mit einem Bogen gewölbt in die Höhe steigt. Der Canal ist gesät voll Schiffe und wimmelt von Gondeln, besonders heute da am Michaels Fest die wohlangezognen Fraun zur Kirche wallfahrteten und sich wenigstens über setzen liesen. Ich habe sehr schöne Wesen begegnet.

⟨255⟩ Nachdem ich müde worden, setzt ich mich in eine Gondel die engen Gassen verlaßend und fuhr nun den Canal grande durch, um die Insel der Heil. Clara herum, an der Grosen Lagune hin, in den Canal der Jiudecka herein, bis gegen den M. Platz und war nun auf einmal ein Mitherr des Adriatischen Meers, wie jeder Venetianer sich fühlt, wenn er sich in seine Gondel legt. Ich gedachte meines armen Vaters in Ehren, der nichts bessers wußte als von diesen

Dingen zu erzählen. Es ist ein groses, respecktables Werck versammelter Menschenkraft, ein herrliches Monument, nicht Eines Befehlenden sondern eines Volcks. und wenn ihre Lagunen sich nach und nach ausfüllen und stincken und ihr Handel geschwächt wird, und ⟨256⟩ und ihre Macht gesuncken ist, macht dieß mir die ganze Anlage der Republick und ihr Wesen nicht um einen Augenblick weniger ehrwürdig. Sie unterliegt der Zeit wie alles was ein erscheinendes Daseyn hat.

Viel, viel wollen wir darüber schwäzen; auch worüber man hier nicht reden soll, über den Staat und seine Geheimniße, die ich alle ohne einen Verräther, recht gut zu wißen dencke.

Nun einige Bemerckungen nach Anleitung des Volckmanns. 3. Theil.

p. 509. Die Markus Kirche muß in einem Kupfer von dir gesehen werden die Bauart ist jeden Unsinns werth der jemals drinne gelehrt oder getrieben worden seyn mag. ich pflege mir die Facade zum Scherz als einen kolossalen Taschenkrebs zu dencken. Wenigstens getrau ich mir irgend ein ungeheures Schaalthier nach diesen Maaßen zu bilden.

p. 513 Alte Pferde Diese kostbaren Thiere stehen hier, wie Schaafe die ihren Hirten verlohren haben. Wie sie näher zusammen, auf einem würdigern Ge- ⟨257⟩ bäude, vor einem Triumphwagen eines Weltbeherrschers standen, mag es ein edler Anblick gewesen seyn. Doch Gott sey dank daß der kristliche Eifer sie nicht umgeschmolzen und Leuchter und Crucifixe draus gießen laßen. Mögen sie doch zu Ehren des Heil Markus hierstehn, da wir sie dem Heil. Markus schuldig sind.

515 Der herzogliche Pallast, besonders die Facade nach dem Markus Platz. Das sonderbarste was der Menschen Geist glaub ich hervorgebracht hat. Mündlich mehr.

Ich habe einen Einfall den ich aber auch nur für einen Einfall gebe. Ich sage die ersten Künstler in der ⟨258⟩ Baukunst scheinen die Ruinen der Alten wie sie noch halb vergraben waren nachgeahmt zu haben und der Geist ihrer Nachfolger hat nun den Schutt weg geräumt und die schöne Gestalt hervor gebracht.

Wenn du solche Säulen siehst glaubst du nicht ein Theil stecke in der Erde und doch ist der untere Gang des herzoglichen Pallasts von solcher Taille.

p 5 2 8 Saulen auf der Piazzetta.

Beyde von Granit die eine die wohl 10 Durchmesser Höhe hat ist von rothem Granit dessen Politur und Farbe sich schön erhalten hat sie ist schlanck und reitzend, daß man sich nicht satt ⟨259⟩ an ihr sehen kann

Die andre hat etwa 8 Durchmesser Höhe, mag also zur dorischen Ordnung wie jene zur kompositen gehören, sie ist von weißem Granit, der von der Zeit gelitten hat und eine Art von Schaalen, etwa einen starcken Messerrücken dik, gekriegt hat, die von aussen matt geworden ist und nun an verschiednen orten abfällt. An der Seite der Markus Kirche nach der Piazzetta zu, stehen zwey kleinere Säulen von eben diesen Steinarten angebracht, an denen man dasselbe bemerckt.

Ausser der Markus kirche hab ich noch kein Gebäude betreten. Es giebt aussen genug zu thun, und das Volck interessirt mich unendlich. Ich war heute lang auf dem Fisch- ⟨260⟩ marckt und sah ihnen zu, wie sie mit einer unaussprechlichen Begierde, Aufmercksamkeit, Klugheit feilschten und kauften.

So ist auch das öffentliche Wesen und Weben ihrer Gerich⟨t⟩s Plätze lustig. Da sitzen die Notaren pp ieder hat seinen Pult und schreibt, einer tritt zu ihm ihn zu fragen ein Schreiben aufsetzen zu lassen pp. Andre gehn herum pp das lebt immer mit einander und wie nothwendich die Bettler in diesen Tableaus sind. Wir hätten auch sonst die Odyssee nicht und die Geschichte vom reichen Manne nicht. Ich sudle wieder ganz entsetzlich ich kanns aber nie erwarten daß das Wort auf dem Papier steht.

⟨261⟩ d. 30. Abends.

Wenn des Venetianers Leben angeht, zieh ich mich nach Hause zurück um dir etwas zu sagen. Sogar die Hausmagd warf mirs gestern vor; daß ich kein Liebhaber vom Abend spazieren sey.

Heute hab ich wieder meinen Begriff von Venedig sachte erweitert. Ich habe nun den Plan, dann war ich auf dem Markusthurm, wo sich denn wohl dem Auge ein einzig Schauspiel darstellt. Es war um Mittag und heller Sonnenschein daß ich ohne Perspecktiv Nähe und Ferne genau unterscheiden konnte. Die Fluth bedeckte die Lagunen.

p 5 3 2 Uber den sogenannten Lido, einen schmalen Erdstreif der die Lagunen schließt, sah ich zum erstenmal das Meer und einige Seegel drauf. in den Lagunen liegen einige Galeeren und Fregatten die zum Ritter Emo stoßen sollen, wegen ungünstigen Windes aber liegen müssen.

⟨262⟩ Die Paduanischen und Vicentinischen Berge und das Tyroler Gebirg, schließen gegen Abend und Mitternacht das Bild ganz trefflich schön.

Gegen Abend verlief ich mich wieder ohne Führer in die entferntesten Quartiere der Stadt und suchte aus diesem Labyrinthe, ohne jemand zu fragen nach der Himmels gegend den Ausgang. Man findet sich wohl endlich, aber es ist ein unglaubliches Gehecke in einander und meine Manier die beste sich davon recht sinnlich zu überzeugen, auch hab ich mir bis an die letzte Spitze das Betragen, die Lebensart, Sitten und Wesen der Einwohner gemerckt. Du lieber Gott was für ein armes gutes Thier der Mensch ist.

Am Ufer ist ein angenehmer Spazirgang.

Schon die drey Tage die ich hier bin ⟨265⟩ hab ich einen geringen Kerl gesehen, der einem mehr oder wenig grosen Auditorio Geschichten erzählt. Ich kann nichts davon verstehen. Es lacht aber kein Mensch, manchmal lächelt das Auditorium, das, wie du dir denken kannst, meist aus der ganz niedern Classe besteht. Auch hat er nichts auffallendes noch lächerliches in seiner Art, vielmehr etwas sehr gesetztes und eine Manigfaltigkeit und Precision in seinen Gebärden, die ich erst heut Abend bemerckt habe. Ich muß ihm noch mehr aufpassen.

Auf künftigen Montag geht Opera Buffa und zwey Comödien theater auf. Da wollen wir uns auch was zu gute Thun. Ich hoffe es soll besser werden als in Vicenz.

⟨266⟩ Sonst kann ich dir heute nicht viel sagen. Ausser einigem Fleis an der Iphigenie, hab ich meine meiste Zeit auf den Palladio gewendet, und kann nicht davon kommen. Ein guter Geist trieb mich mit soviel Eifer das Buch zu suchen, das ich schon vor 4 Jahren von Jagemann wollte verschrieben haben, der aber dafür die neuern herausgegebnen Werke kommen ließ. Und doch auch! was hätten sie mich geholfen, wenn ich seine Gebäude nicht gesehn hätte? Ich sahe in Verona und Vicenz was ich mit meinen Augen ersehen konnte, in Padua fand ich erst das Buch, jezt studier ich's und es fallen mir wie Schuppen von den Augen, der Nebel geht auseinander und ich erkenne die Gegenstände. Auch als Buch ist es ein großes Werk.

⟨267⟩ Und was das ein Mensch war!

Meine Geliebte wie freut es mich daß ich mein Leben dem Wahren gewidmet habe, da es mir nun so leicht wird zum Grosen überzugehen, das nur der höchste reinste Punckt des Wahren ist.

Die Revolution, die ich voraussah und die jetzt in mir vorgeht, ist die in jedem Künstler entstand, der lang emsich der Natur treu gewesen und nun die Uberbleibsel des alten grosen Geists erblickte, die Seele quoll auf und er fühlte eine innere Art von Verklärung sein selbst ein Gefühl von freyrem Leben, höherer Existenz Leichtigkeit und Grazie.
Wollte Gott ich könnte meine Iphigenie noch ein halb Jahr in Händen behalten, man sollt ihr das mittägige Clima noch mehr anspüren.

⟨268⟩ d. 1. Oktbr.
Abends 8 Uhr.

Heute komm ich später zu dir als gewöhnl. und hätte dir doch recht viel zu sagen. Heute früh schrieb ich lang an der Iphigenie und es ging gut von statten. Die Tage sind sich nicht gleich und es wundert mich daß es in dem fremden Leben noch so geht es ist aber ein Zeichen daß ich mich noch gut besitze.

Dann ging ich nach dem Rialto und nach dem Markusplatz. Seitdem ich weiß daß Palladio zu einer Brücke auf diesen Platz einen Riß gemacht hat; seitdem ich ihn in seinen Wercken gesehen habe, sey es mir erlaubt Picks auf den Rialto zu haben wie er jetzt steht. ich werde sie mündlich auslegen.

Dann bin ich durch einige Quartire gegangen und nach dem Platz und habe, da es eben Sonntag war über ⟨269⟩ die Unreinlichkeit meine Betrachtungen angestellt. Es ist wohl eine Art Policey in diesem Artickel. Die Leute kehren den Quarck in die Eckgen, ich sehe große Schiffe hin und wieder fahren, auch an Orten stille liegen, die das Kehricht mit nehmen, leute von den Inseln umher die ihn als Mist brauchen. Aber es ist doch unverzeihlich daß die Stadt nicht reinlicher ist, da sie recht zur Reinlichkeit angelegt ist. alle Strasen geplattet, die entfernten Quartiere selbst wenigstens mit Backsteinen auf der hohen Kante, wo es nötig in der Mitte ein wenig erhaben, an den Seiten Vertiefungen um das Wasser aufzufassen und in unterirdische Canäle zu leiten. Noch andre Vorsichten der ersten ⟨270⟩ Anlage würden es unendlich erleichtern Venedig zur reinsten Stadt zu machen, wie sie die sonderbarste ist. Ich konnte mich nicht abhalten gleich im Spazirengehn einen Plan dazu anzulegen.

Nach Tische studirt ich wieder im Palladio, der mich sehr glücklich macht und ging alsdann mit dem Plan der Stadt in der Hand die Kirche der Mendicanti aufzusuchen die ich auch glücklich fand.

Die Frauenzimmer führten ein Oratorium hinter dem Gitter auf, die Kirche war wie gewöhnlich voll Zuhörer. Die Musick sehr schön und herrliche Stimmen. Ein Alt sang den König Saul, ich habe mir diese Stimme nicht gedacht. Einige Stellen der Musick waren unendlich schön, der Text liegt ⟨271⟩ bey, es ist so italiänisch Latein daß man an manchen Stellen lachen muß; Aber der Musick ein weites Feld. Es wäre ein trefflicher Genuß gewesen, wenn nicht der vermaledeyte Kapellmeister den Tackt, mit einer Rolle Noten, wider das Gitter, so unverschämt geklappt hätte, als wenn er mit Schuljungen zu thun hätte, die er erst unterrichtete, und sie hatten das Stück oft gemacht, es war absolut unnötig und zerstörte allen Eindruck, nicht anders als wenn man mir eine schöne Statue hinstellte und ihr Scharlachläppgen auf die Gelencke klebte. Der fremde Ton hebt alle Harmonie auf und das ist ein Musicker und er hört es ⟨272⟩ nicht, oder er will vielmehr daß man seine Gegenwart am Klappen vernehmen soll, da es besser wäre er liese seinen Werth an der Vollkommenheit der Ausführung errathen. Ich weiß die Franzosen habens an der Art, den Italiänern hab ich's nicht zugetraut. Und das Publikum scheint es gewohnt.

Ich habe auch darüber speculirt und einige Gedancken, die ich wenn ich sie mehr bestätigt finde dir mittheilen werde.

Morgen will ich anfangen einiges zu besehn. Ich bin nun mit dem Ganzen bekannt das einzelne wird mich nicht mehr confuß machen, und ich werde ein sichres Bild von Venedig mit fortnehmen. Heut hat mich zum erstenmal ein feiler Schatz bey hellem Tage in einem Gäßgen beym Rialto angredet.

⟨273⟩ Heute Abend war herrlicher Mondschein. Ein Gewitter kam übers Meer vom Süd ost, also von den dalmatischen Gebürgen, wetterleuchtete, zog am Mond vorbey zertheilte sich und ging nach dem Tyroler Gebirg, das ist also immer der selbige Wind der alle Mittägiger entstehende Wolcken nach dem deutschen Gebirg wirft und euch in Norden vielleicht Ubel bringt. Doch hab ich gute Hofnung für euch die Gebirge sind meist klar.

Einige Striche hab ich auf grau Papier gemacht von dieses Abends Erscheinung auf dem Wasser.

Lebe wohl. Abends fühl ich mich denn doch müde. Du nimmst auch wohl mit dem guten Willen vorlieb, wenn ich auch nicht viel klugs vorbringe.

⟨274⟩ d. 2: Oktbr. Abends

Eh ich zur Oper gehe ein Wort.

p. 569. St Giorgio ein schönes Andenken von Palladio ob er gleich da nicht sowohl seinem Geiste als dem Geiste des Orts nachgesehn.

p. 566. Carita. Ich fand in des Palladio Wercken daß er hier ein Gebäude angegeben, an welchem er die Privat Wohnungen der Alten, versteht sich des höhern Standes nachzuahmen sich vorgesetzt. Ich eilte mit dem größten Verlangen hin aber ach! es ist kaum den 10 Theil ausgeführt. Doch auch dieser Theil seines himmlischen Genius werth. Eine Vollkommenheit in der Anlage und eine Akkuratesse in der Ausführung die ich noch gar nicht kannte. auch im Mechanischen da der meiste Theil von Backsteinen |: wie ich zwar mehr ge- ⟨275⟩ sehen habe :| aufgeführt ist, eine kostbare Präcision. Ich habe heut nach seinen Wercken gezeichnet und will mir ihn recht herzlich eigen machen.

p. 530. Bibliothek vielmehr Antiken saal, der voraus geht, kostbare Sachen. Ein Gewand einer Minerwa, einer Cleopatra; ich sage Gewand, weil meine Gedanken die Restauration der Köpfe und Arme gleich wieder wegschlägt. Ein Ganimed der von Phidias seyn soll und eine berühmte Leda. auch nur Stücke, erstes gut, das zweyte mäsig restaurirt, aber von hohem sinnlichen Sinn.

Die Carita kann ich nicht vergessen. auch hat er eine Treppe angebracht die er selbst lobt und die würcklich gar sehr schön ist.

⟨276⟩ d. 3. Oktbr.

Gestern Abend Oper. a St. Moisé Nichts recht erfreuliches. Es fehlte dem Poem, der Musick, den Ackteurs eine innere Energie, die allein die Sachen auf den höchsten Punckt treiben kann. Es war alles nicht schlecht, aber auch nur die zwey Weiber liesen sichs angelegen seyn, nicht sowohl gut zu agiren, als sich zu p r o d u c i r e n und zu g e f a l l e n . Das ist denn immer etwas. Es sind schöne Figuren gute Stimmen, artig munter und gätlich. Unter den Männern ist auch dagegen gar nichts, von innerer Gewalt und Lust dem Publiko was aufzuheften. Auch keine decidirt brillante Stimme.

Das Ballet von elender Erfindung, ward auch ausgepfiffen. ⟨277⟩ Einige herrliche Springer - und Springerinnen, welche letztere sichs recht zur Pflicht rechnen, das Publikum mit jedem schönen Theile ihres Körpers bekannt zu machen.

Heut hab ich dagegen eine andre Commödie gesehen, die mich mehr gefreut hat. Im herzoglichen Pallast, pläidiren zu hören.Es war eine wichtige Sache und wurde, auch zu meinen Gunsten, in den Ferien verhandelt.

Der eine Advokate der sprach, war alles was ein Buffo caricato nur seyn sollte. Figur: dick kurz doch beweglich. Ein ungeheuer vorspringendes Profil. Eine Stimme wie Erz und eine Hefftigkeit, als wenn es ihm im tiefsten Grund des Herzens Ernst wäre was er sagte. Ich nenn es eine ⟨278⟩ Commödie, weil alles wahrscheinlich schon fertig ist, wenn diese öffentliche Produktion geschieht und die Richter auch schon wissen was sie sprechen wollen. Indeß hat diese Art unendlich viel gutes gegen unsre Stuben und Canzleyhockereyen. Von den Umständen und wie artig ohne Prunck, wie natürlich alles geschieht mündlich.

Abends.

Viel gesehn. Wenig Worte zum Andencken.

p . 5 6 5 I Scalzi, Marmor genug und nicht auf die schlimmste Weise zusammengesetzt; aber nichts von dem hohen Geiste der sich allein in dem unnachahmlichen Maas, Ordnung, Harmonie, spüren läßt.

5 6 6 La Salute das mittelste Gefäß worauf der Dom ruht als Höhe und Breite nicht zu verachten. Aber das Ganze bis in's einzelne ⟨279⟩ Muster über Muster eines schlechten Geschmacks, eine Kirche die Werth ist daß Wunder drinne geschehn.

567. Hochzeit zu Kana. Ein Bild das man aus Kupfern kennt und da schon reitzend ist. Herrliche Frauensköpfe und der abgeschmackte Gegenstand eines langen Tisches mit Gästen gar edel behandelt. Die Deckenstücke von Titian sind zu Deckenstücken sehr toll gewählte Gegenstände; doch schön und herrlich ausgeführt.

Isaac, den der Vater beym Schopfe hat, sieht mit niederhängenden Haaren, gar artig gewendet herunter. David, nachdem Goliath liegt, faltet die Hände gar leicht und frei gen Himmel pp.

p. 577. Il Redentore. Ein schönes groses Werck von Palladio.

⟨280⟩ Die facade viel lobenswürdiger als die von St Giorgio. Es sind diese Wercke in Kupfer gestochen, wir wollen darüber reden. Nur ein allgemeines Wort. Palladio war so von der Existenz der Alten durchdrungen und fühlte die Kleinheit und Enge seiner Zeit, in die er gekommen war, wie ein groser Mensch, der sich nicht hingeben, sondern das Ubrige soviel als möglich nach seinen edlen Begriffen umbilden will. So war er unzufrieden, wie ich aus gelinder Wendung seines Buch's schließe, daß man bey den Kristlichen Kirchen auf der Form der alten Basiliken fortbaute, er suchte die seinigen der Form der alten Tempel zu nähern. Daher entstanden gewiße Unschicklichkeiten die mir bey St. Redentor sehr ⟨281⟩ glücklich überwunden, bey St Giorgio aber zu auffallend scheinen.

Volckmann sagt etwas davon er trifft aber den Nagel nicht auf den Kopf.

Inwendig ist St Redentor auch ganz köstlich. es ist alles, auch die Zeichnung der Altäre von Palladio. Nur die Nischen die mit Statuen au⟨s⟩gefüllt werden sollten prangen mit aus holz ausgeschnitten Gemahlten Figuren.

Dem Hl. Franziskus zu Ehren hatten die PP. Capuc. einen Seiten Altar mächtig ausgeputzt. Man sah nichts vom Stein als die

Corinth. Kapitäle. Alles übrige schien mit einer Geschmackvollen, prächtigen Stickerey, nach art der Arabescken, überzogen und war das artigste was ich in der Art ⟨282⟩ gesehen hatte. Besonders wunderte ich mich über die breite goldegestickte Rancken und Laubwerk. Ich ging näher und fand einen recht hübschen Betrug. Alles was ich für Gold gehalten hatte war breitgedrücktes Stroh, in schönen Desseins auf Papir geklebt und der Grund mit lebhaften Farben angestrichen, und das so mannigfaltig und Artig, daß dieser Spas, der an Material keinen Thaler werth war, und den wahrscheinl. einige unter ihnen selbst umsonst ausgeführt haben, mehrere Tausend Thaler müßte gekostet haben wenn er hätte ächt sein sollen. Man kann es gelegentlich nachmachen.

⟨283⟩ Einen Fehler im weißen und anstreichen dieser Kirchen bemercke ich hier, nur um zu gedencken.

5 7 3 Gesuati. eine wahre Jesuiten kirche. Muntre Gemählde von Tiepolo. An den Deckenstücken sieht man an einigen liebenswürdigen Heiligen, mehr als die Waden, wenn mich mein Perspecktiv nicht trügt. Das v. Volckm. angeführte Bild, ist ein alberner Gegenstand; aber recht schön ausgeführt.

Vom Herzogl. Pallast den ich heute früh sah sollt ich noch mehr sagen. Vielleicht morgen. Es ist alles im Flug geschossen wie du siehst. Aber es bleibt in einem feinen Aug und Herzen.

⟨284⟩ d. 4. Oktbr. Mittag

Es hat heute geregnet und ich habe die Zeit gleich angewendet, an der Iph. zu schreiben. Nun der Geliebten einige Worte.

Gestern war ich in der Kommödie Theatro S. Luca. die mir viel Freude gemacht hat. Ein extemporirtes Stück in Masken, mit Viel Naturel, Energie, und Bravheit ausgeführt. Sie sind nicht gleich. Der Pantalon ist recht brav, und die eine Frau die der Gr. Lanthieri sehr ähnlich sieht, keine grose Acktrice aber spricht exzellent und weis sich zu betragen. Ein tolles Sujet, das mit unglaublicher Abwechslung gern 3 Stunden unterhielt. Doch ist immer wieder das V o l c k die Base worauf das alles steht. Das Ganze machts, nicht das einzelne. Auf dem Platz und am Ufer und auf den Gondeln und im Pallast.

Der Käufer und Verkäufer, der Bettler der Schiffer die Nachbarinn, der Advokate ⟨285⟩ und sein Gegner alles lebt und treibt und läßt sichs angelegen seyn und spricht und betheuert und schreyt und bietet aus und singt und schilt und flucht und lärmt. Und abends gehn sie in's Theater und sehn und hören das Leben ihres Tags, nur künstlich zusammengestellt, artiger ausgestutzter mit Mährgen durchflochten pp und freuen sich kindisch und schreyen wieder und klatschen und lärmen. es ist alles von Nacht zu Nacht, ja von Mitternacht zu Mitternacht immer dasselbe.

Ich habe nicht leicht natürlicher agiren sehn, als diese Masken, aber ein ausgezeichnetes glückliches Naturell.

Da ich das schreibe ist ein Larm auf dem Canal unter meinem Fenster, der bis nach Mitternacht anhält. sie haben im Guten und Bösen immer etwas zusammen.

⟨286⟩ In dem Hause Farsetti ist eine kostbare Sammlung von Abgüßen der besten Antiken. Ich schweige von denen die ich von Mannheim her und sonst kannte, und erwähne nur neuer Bekanntschafften Der Cleopatra die kolossalisch ruht den Aspic auf den Arm gebunden hat, und in den Todt hinüber schläft. Der Mutter Niobe, die ihre jüngste Tochter mit dem Mantel vor den Pfeilen des Apolls deckt, Einiger Gladiatoren, eines in seinen Flügeln ruhenden Amors, eines sitzenden und stehenden Marius, es sind Werke an denen sich Jahrtausende die Welt freuen kann und erschöpft den Werth des Künstlers nicht. Auch sehr schöne Büsten. Ich fühle nur auch jetzt wie weit ich in diesen Kenntnißen zurück bin, doch es wird rücken, wenigstens weiß ich den Weg. Palladius hat mir ihn auch dazu und zu aller Kunst und Leben geöffnet. ⟨287⟩ Es klingt das vielleicht ein wenig wunderlich, aber doch nicht so paradox, als wenn Jakob Böhme bey Erblickung einer zinnernen Schüssel über das Universum erleuchtet wurde.

Komm ich zurück und du bist mir hold; so sollst du auch um meine Geheimniße wißen.

Auch steht in dieser Sammlung ein Abguß eines Stücks der Frise und des Carnises vom Tempel des Antonins und der Faustina wovon ich, dir eine flüchtige Idee zu geben, aus den Werken des Palladius, die Formen leicht durchzeichnen will.

Obgleich in keiner Zeichnung die vorspringende Gegenwart der Architecktur erreicht wird. Dies ist ohne dies nur ein armes Bildchen. |: Ich hab es weggelaßen es war gar nichts :|

Morgen Donnerstag spielt die ⟨288⟩ truppe, zu St Luca nach der Anzeige eine Art historisches Stück. Sonnabend ist solenne Messe bey der Hl. Justina welcher der Doge beywohnt, den ich dann auch in Pontifikalibus mit dem Adel sehen werde. Sonntag ist der Weihe Tag der Markuskirche wo er auch wieder erscheint. Bis dahin wollen wir sehn was uns an der Iphig. und den Venetianischen Merckwürdigkeiten zu sehen noch übrig bleibt.

p. 523. Paradies von Tintoret. Auch eine Verherrlichung der Mutter Gottes. Aber reicht nicht an Geist an jenes in der Casa Bevi l'aqua zu Verona. Eine Bemerkung glaube ich zu machen daß Tintoretten kleinere Figuren beßer geriethen als große. daß er da ganz der Grazie und Leichtigkeit seiner Natur sich überlaßen konnte und daß ein größer Maas ihn genirte.

⟨289⟩ auch in diesem Paradies sind die Figuren gröser und das Bild ist immer von ihm, aber iener Glanz des Geistes wird hier vergebens gesucht. Auch hat er jenes gewis jung gemahlt, wie ich aus allem und der reizenden Eva schliese, dieses im Alter. Eva ist ganz versteckt.

Die übrigen Gemählde im Pallast hab ich alle gesehn und mir sie erklären lassen, und habe wenigstens ein Bild in der Seele vom ganzen und von den merckwürdigsten Gegenständen.

Ich habe jetzt einen Lohnbedienten. Einen trefflichen Alten. Einen Teutschen der mir täglich was er mich kostet erspart. Er ist mit Herrschafften durch ganz Italien gegangen und weis alles recht gut. Er dressirt die Italiäner, auf die rechte Weise. So giebt er Z. E. genau das wenigste Trinckgeld an jedem Orte, ich muß überall ⟨290⟩ für einen Kaufmann passiren.

Er zanckte sich mit einem Gondolier um 10 Soldi, mit einem ungeheuren Lärm, und der Gondol. hatte noch dazu Recht. Er nimmt aber keine Notiz, heut im Arsenal hat ers eben so gemacht. Er sieht ohngefähr aus wie Wende, hat auch die Manieren. Es ist mir lieb, daß ich die ersten Tage allein war und lieb daß ich ihn nun habe.

Es war mir die Lust angekommen mir einen Tabarro mit den Apartinentien anzuschaffen, denn man lauft schon in der Maske. Hernach dauerte mich aber das Geld und bin ich ihnen nicht schon Maske genug? ich will mir dafür einen Vitruv kaufen und mir eine Freude bereiten die auch ausser Venedig und dem Carneval dauert.

⟨291⟩ Abends.

Ich bin recht gut gewöhnt, wenn es Nacht schlägt geh ich nach Hause. Der lärmige Platz wird mir einsam und ich suche dich. Nun einiges.

Ich habe nun öffentlich reden hören:

1) 3 Kerls auf dem Platze nach ihrer Art Geschichten erzählend.
2) 2 Prediger
3) 2 Sachwalter
4) Die Commödianten, besonders den Pantalon.

alle haben etwas gemeines, sowohl weil sie von Einer Nation sind, die beständig im Leben und sprechen begriffen ist, als auch weil sie sich unter einander nachahmen.

Sie haben gewiße Lieblings Gesten, die ich mir mercken will, und überhaupt üb' ich mich sie nachzumachen und will euch in dieser Art Geschichten erzählen, wenn ich zurück komm ⟨292⟩ ob sie gleich mit der Sprache vieles von ihrer Originalität verliehren, auch liegt die Figur des einen Advocaten bey, die viel unter der Carikatur des Originals ist.

Heute am Fest des Heil. Franciskus war ich in seiner Kirche Francesco alle vigne. Des Kapuciners laute Stimme, ward von denen Verkäufern vor der Kirche mit ihrem Geschrey, gleichsam als einer Antiphone, accompagnirt, ich stand zwischen beyden und es nahm sich gut aus. Diese Kirche ist auch von Palladio auf eine alte gepfropft, und die sonderbaren Widersprüche, deren ich gestern gedachte, zeigen sich auch hier. Ich bin voll Verlangen das alles in der Folge näher zu studiren.

Heut Abend will ich in das Theater St Chrysostomo wo sie Comödien, aus ⟨293⟩ dem Französchen übersetzt, spielen, ich will auch sehn, was das thut.

p. 520 in einem Zimmer neben der Sala del Consiglio di Dieci welches auch diesem fürchterlichen Tribunal gehört hängt ein köstlicher Albrecht Dürer gegen einem Raphael über; als ich den ersten betrachtete, kame aus dem Nebenzimmer einer der Avogadoren heraus, eine ungeheur Figur, in seiner Kleidung wohl anzusehn und meine Begleiter neigten sich fast zur Erden. Er rief jemanden und war sonst ganz leutseelich, ging wie er gekommen war. Man lies mich auch einen Blick in das Zimmer thun, wo die 3 Staats Inquisitoren zusammen kommen, das ich doch also auch weis wie es darinn aussieht. Mich freut nur wie man meine Vögel in Ordnung hält,

⟨295⟩ d. 5. Nach Tische

p. 547.

Heute früh war ich im Arsenal und mir interessant genug, da ich noch kein Seewesen kenne und also auch hier gleichsam die untre Schule besucht habe. Denn freylich sieht es hier sehr nach einer alten Familie aus, die sich noch rührt aber wo die Blüte und die beste Zeit der Früchte vorüber ist.

Da ich auch den Handwerckern nachgehe, hab ich manches merckwürdige gesehn. Ein Schiff von 84 Canonen dessen Gerippe fertig steht hab ich bestiegen.

Ein gleiches ist vor sechs Monaten, ganz fertig, ausgerüstet, an der Riva de Sciavoni, bis auf's Wasser verbrannt. Die Pulverkammer war nicht sehr gefüllt und da sie sprang that es keinen grosen Schaden. Die Benachbarten Häuser büsten ihre Scheiben ein.

⟨296⟩ Schönes Eichen Holz aus Istrien hab ich verarbeiten sehn. Ich kann nicht genug sagen, was mir meine sauer erworbnen Kenntniße der natürlichen Dinge die doch der Mensch als Materialien braucht und zu seinem Nutzen verwendet überall helfen und mir die Sachen aufklären. So ist mir die Mineralogische und Oryktologische Kenntniß der Steine, ein großer Vorsprung in der Baukunst.

Auf dieser Reise hoff ich will ich mein Gemüth über die schönen Künste beruhigen, ihr heilig Bild mir recht in die Seele prägen und zum stillen Genuß bewahren. Dann aber mich zu den Handwerckern wenden, und wenn ich zurückkomme, Chymie und Mechanik studiren. Denn die Zeit des Schönen ist vorüber nur ⟨297⟩ die Noth und das strenge Bedürfniß erfordern unsre Tage.

Ich habe schon Vorgedancken und Vorgefühle über das Wiederaufleben der Künste in Italien, in der mittlern Zeit, und wie auch diese Asträa wieder bald die Erde verlies und wie das alles zusammenhängt. Wie mir die Römische Geschichte entgegen steigt! Schade schade meine Geliebte! alles ein wenig spät. O daß ich nicht einen klugen Engländer zum Vater gehabt habe, daß ich das alles allein, ganz allein habe erwerben und erobern müssen, und noch muß.

Es regnet und ich sitze am Camin. wann werd ich dir an dem Meinigen wieder Thee vorsetzen.

⟨298⟩ Da ich dir Caffee von Alexandrien versprach, dachtest du wohl nicht daß ich ihn selbst in Venedig hohlen würde. Ich habe schon an verschiednen Orten gefragt und durch Kundige fragen laßen, noch aber trau ich nicht, ich muß ganz gewiß seyn. Der welchen ich gesehen, sollten 7 Pf.⟨und⟩ einen Dukaten gelten, das wäre nicht viel. Freylich macht der Transport bis in das mittelländische Thüringen noch etwas aus, genug aber du sollst dessen haben.

Gestern bin ich nicht nach meinem Vorsatz in die Commödie gekommen. Heut hoff ich eine Tragödie zu sehn und bin recht neugierig darauf.

Mit der Baukunst geht es täglich besser. Wenn man ins Wasser kommt lernt man schwimmen. Ich habe mir nun auch die Ordnungen der Säulen rational gemacht und kann das W a r u m ⟨299⟩ meist schon angeben. Nun behalt ich auch die Maaße und Verhältniße die mir als blos Gedächtnißwerck immer unbegreiflich und unbehaltbar blieben.

Ein Wort vom B u c e n t a u r . Es ist eine Pracht Galeere. Aber ein schöner Gedancke und gut ausgeführt. Ich komme immer auf mein altes zurück wenn der Künstler einen ächten Gegenstand hat; so kann er etwas ächtes machen. Hier war die Aufgabe eine Galeere zu machen die werth wäre die Häupter einer Republick, an dem feyrlichsten Tage zum Sakramente ihrer alt hergebrachten herrschafft zu tragen. Und es ist brav ausgeführt. Ganz Zierath! Also darf mam ⟨man⟩ nicht sagen mit Zierrath überladen. Ganz Schnitzwerk und verguldet, sonst zu keinem Gebrauch, eine wahre M o n s t r a n z ⟨300⟩ um dem Volck seine Häupter recht herrlich zu zeigen. Und wir wissen daß das Volk, wie es gern seine Hüte schmückt, auch seine Obern gerne herrlich und geputzt sieht. Es ist ein rechtes Familienstück, woran man sehn kann was die Venetianer waren und sich zu seyn dünckten.

Ich schreibe dir so alles hin daß ich nicht viel zu erzählen haben werde. Wohl kann ich sagen daß ich keinen Gedanken, der mir nur werth dünkt gehabt habe, ohne ihn wenigstens mit einigen Worten anzuzeigen.

Da es noch nicht Komm. Zeit ist ein Wort von Palladio das an die gestrigen paßt. Ich habe an seinen ausgeführten Wercken, besonders den Kirchen, manches tadelns würdige gesehn, neben dem Größten, so daß es mir war als wenn er dabey stünde ⟨301⟩ und mir sagte: das und das hab ich wider willen gemacht, aber doch gemacht, weil ich nur auf diese Weise unter diesen gegebnen Umständen meiner höchsten Idee am nächsten kommen konnte.

Es scheint mir er habe bey Betrachtung eines Platzes, einer Höhe und Breite, einer schon stehenden Kirche, eines älteren Hauses, wozu er Facaden errichten sollte, nur überlegt: wie bringst du hier das Ganze in die größte Form, im einzelnen mußt du eins und das andre verpfuschen, da oder dort wird eine Inkongruität entstehen, aber das mag seyn das Gantze wird einen hohen Styl haben und du wirst dir zur Freude arbeiten. ⟨302⟩ und so hat er das große Bild was er in der Seele hatte auch dahin gebracht wo es nicht ganz paßte, wo er es zerstücken und verstümmeln mußte. Drum ist mir der Flügel in der Carita so werth, weil er da ganz seinem Geiste gefolgt ist. Wäre es fertig; so würde vielleicht kein vollkommner Stück Baukunst jezt auf der Welt existiren.

Dieses |: nämlich wie er gedacht und wie er gearbeitet :| wird mir immer klärer, jemehr ich seine Wercke lese, oder vielmehr sehe wie er die Alten behandelt. Denn er macht wenig Worte sie sind aber alle gewichtig. Es ist das vierte Buch von Antiken Tempeln, das eine rechte Einleitung ist Rom mit Sinn zu sehen.

⟨303⟩ Recht merckwürdig ist wie andre Baumeister vor und nach ihm, an diesen Schwürigkeiten gekaut haben und wie diese sich mit einer goldnen Mittelmäsigkeit aus der Sache gezogen haben. Ich will das alles noch besser faßen wenn ich nur erst die untern Claßen durchlaufen habe.

Nachts.

Ich komme noch lachend aus der Tragödie auf meine Stube und erzähle dir s vor Schlafengehn. Das Stück war nicht schlimm. Der Verfaßer hatte alle tragische Matadors zusammen gesteckt und die Schauspieler hatten gut spielen. Die meisten Situationen waren bekannt, einige aber neuer und ganz glücklich. Zuletzt blieb nichts übrig als daß die beyden Väter sich erstachen, welches auch glücklich vonstatten ging. Worauf unter grosem ⟨304⟩ Händeklatschen der Vorhang fiel. Aber das Klatschen vermehrte sich nur, es ward fuora gerufen und endlich bequemten sich die zwey Hauptpaare, hinter dem Vorhang hervorzukriechen, ihre Bücklinge zu machen und auf der anderen Seite wieder abzugehn. Das Publikum war noch nicht befriedigt, sondern klatschte fort und rief: i morti! - das dauerte so lang biß die zwey Alten auch herauskamen und sich bückten, da denn einige Stimmen riefen: bravi i morti! Es wurde ihnen viel geklatscht und sie gingen ab.

Es verliert diese Poße viel wenn man nicht das bravo! bravi! das die Italiäner immer im Munde haben, so in den Ohren hat wie ich, und dann auf einmal auch sogar die Todten mit diesem Ehrenwort anrufen hört. Ich habe recht innerlich gelacht. Gute Nacht! Felicissima notte! sagt der Ital.

⟨305⟩ d. 6. früh.

Die Tragödie gestern hat mich manches gelehrt. Erstlich hab ich gehört wie die Italiäner ihre Eilfsylbige Jamben behandeln und deklamiren. Dann hab ich gesehen wie klug Gozzi die Masken mit den Tragischen Figuren verbunden hat. Das ist das eigentliche Schauspiel für dieß Volck. Denn es will auf eine krude Weiße gerührt seyn. Es nimmt keinen innigen, zärtlichen Antheil am Unglücklichen, wie mich dünckt, es freut sie nur wenn der Held gut spricht, denn aufs reden halten sie viel, dann wollen sie wieder lachen, oder was albernes vornehmen.

Lustig wars, als der Tyrann seinem Sohn das Schwerdt gab und forderte, daß dieser seine eigne Gemahlinn umbringen solle, die gegenwartig war, das Volck fing laut an sein Misvergnügen über diese Handlung zu zeigen und es fehlte nicht viel, so wäre das Stück unterbrochen worden, und sie hätten verlangt der Alte solle seinen Degen zurücknehmen. ⟨306⟩ da denn die ganze Entwicklung wäre zu Grunde gegangen. Es war auch würcklich besonders unter den Umständen eine alberne, unnatürliche Situation und das Volck fühlte es gleich.

Ich verstehe auch jetzt besser die langen Reden und das Dissertiren pro und contra in den Griechischen Trauerspielen. Die Athenienser hörten noch lieber reden, und verstanden sich noch besser darauf als die Italiäner, und von den Gerichtsstellen wo sie des ganzen Tags lagen lernten sie was.

Nachmittags.

Ich fuhr heute früh mit meinem alten Schutzgeiste, al lido, einer Erdzunge die die Lagunen schließt und vom Meer absondert. Wir stiegen aus und gingen queer über die Zunge, ich hörte ein starkes Geräusch es war das Meer, und ich sah es bald. Es ging hoch gegen das Ufer indem es sich zurückzog, denn es war um Mittag, Zeit der Ebbe. So hab ich auch das mit Augen gesehn und bin auf der schönen Tenne die es weichend zurückläßt ⟨307⟩ ihm nachgegangen. Da hätte ich mir die Kinder gewünscht um der Muscheln willen. Ich habe selbst kindisch ihrer genug aufgelesen, besonders da ich sie zu einem Gebrauch widme.

Es wird der Dintenfisch hier viel gegeßen, ich habe mir von der schwarzen Feuchtigkeit geben laßen und will ihrer noch mehr nehmen. Diese laß ich in den Muscheln eintrocknen und schicke sie dir, du brauchst davon und hebst mir auf, ich bringe dessen zusammen soviel ich will. die Farbe ist ganz schwarz mit Wasser vermischt ein wenig grißelich, wird aber mit Bister gut thun. Man muß nun versuchen und ich will mich erkundigen ob sonst noch etwas dabey zu bedenken und zu thun ist.

Auf dem Lido nicht weit vom Meer liegen Engländer und weiter hin Juden begraben, die in geweihtem Boden nicht ruhen sollen. Ich fand das Grab des edlen Consul S m i t h , und seiner

⟨308⟩ ersten Frauen, ich bin ihm mein Exemplar des Palladio schuldich und danckte ihm auf seinem ungeweihten Grabe dafür.

Das Meer ist ein großer Anblick. Ich will doch sehn eine Fahrt in einem Fischer Kahn hinauszuthun.

Abends.

Ich bin recht glücklich und vergnügt seit mir Minerva in Gestalt des alten Lohnbedienten zur Seite steht und geht. Solche Präcision in allem, solche Schärfe der Ersparniß hab ich nicht gesehn. Immer den nächsten Weg, immer den geringsten Preis, immer das Beste dessen, was gesucht wird. Wäre es meiner bestimmung gemäß nur ein Vierteljahr hier zu bleiben, daß ich Venetianische Geschichte lesen, in Bekanntschafften nur wenig steigen könnte. Mit meiner Art die Sachen zu sehen; Mit diesem redlichen Spion wollt ich ein braves Bild von Venedig in die Seele faßen.

⟨309⟩ Am Meere hab' ich heut verschiedne Pflanzen gefunden, deren ähnlicher Charackter mir ihre Eigenschafften näher hat kennen laßen. Sie sind alle zugleich mastig und streng, saftig und zäh und es ist offenbar daß das alte Salz des Sandbodens, mehr aber die Salzige Luft ihnen diese Eigenschafft giebt. Sie strotzen von Säften wie Waßerpflanzen, sie sind fest, zäh, wie Bergpflanzen. Wenn ihre Blätter Enden zu Stacheln incliniren wie bey Disteln sind sie gewaltig Spitz und starck. Ich fand einen solchen Busch Blätter, es schien mir unser unschuldiger Huflattich, hier aber mit scharfen Waffen bewaffnet und das Blat wie Leder, ich habe etwas eingelegt. (Erygnium ⟨Eryngium⟩ maritimum.)

So auch die Samenkapseln, die Stiele alles mastig und fest. Die Binsen spiz und steif daß sie wohl ⟨310⟩ stechen. Einige Schwamm arten, Insekten gehäuse fand ich ausgeworfen. Wie wohl wird mir's daß das nun Welt und Natur wird und aufhört Cabinet zu seyn.

Mit Freuden seh ich nun jeder Känntniß entgegen, die mir von da und dort zunickt und ich werde gern zu den Büchern wiederkehren.

Der Fischmarkt und die vielen Seeproduckte machen mir Vergnügen ich gehe offt drüber und beleuchte die unglücklich aufgehaschten Meers bewohner.

Heut früh sah ich auch des Doge Zimmer, wo sein Portrait hängt, ein schöner, wohl und gutmütig gebildeter Mann.

Auch ein Bild von Titian. köstlichen Pinsels, aber sonst nichts rühmenswerthes.

Die Pferde auf der Markuskirche ⟨311⟩ in der Nähe. Treffliche Gestalten! Ich hatte von unten auf leicht bemerkt, daß sie fleckig waren, theils einen schönen gelben Metall glanz hatten, theils kupfer grünlich angelaufen. In der Nähe sieht und erfährt man daß sie ganz verguldet waren und sieht sie über und über mit Striemen bedeckt, da die Barbaren das Gold nicht abfeilen sondern abhauen wollen. Auch das ist gut, so ist wenigstens die Gestalt geblieben. Ein herrlicher Zug Pferde. Ich möchte einen rechten Pferde kenner darüber reden hören.

Was mir sonderbar scheint ist daß sie oben schwerer und unten vom Platze, leicht wie die Hirsche, aussehen, doch läßt sichs auch erklären.

⟨312⟩ Die Kuppeln und Gewölbe nebst ihren Seitenflächen der Markuskirche sind bunte Figuren auf Goldnem Grunde alles Mosaische Arbeit. Einige sind recht gut, andre geringe, ie nach dem die Meister waren, die den Carton machten und die Künstler die ihn ausführten.

Es fiel mir recht auf daß doch alles auf die erste Erfindung ankommt, daß die das rechte Maas und den wahren Geist habe, da man mit viereckten Stückgen Glas, und hier nicht einmal auf die sauberste Weise, das gute sowohl als das schlechte nachbilden kan. Diese Kunst ist wie du weißt jetzt sehr hoch hinauf getrieben.

⟨313⟩ d. 7 früh.

Heute hab ich keinen Vers an der Iphigenie hervorbringen können, darum will ich dir gleich schreiben damit ich doch meine erste Tageszeit gut anwende.

Gestern Nacht sah ich Elecktra von Crebillon auf dem Theater St. Crisostomo. versteht sich übersetzt. Was mir das Stük abgeschmackt vorkam und wie es mir fürchterliche Langeweile machte, kann ich nicht sagen. Die Akteurs sind übrigens brav und das Publikum mit einzelnen Stellen abzuspeisen. Orest hat allein drey verschiedne Erzählungen |: poetisch aufgestutzt :| in

Einer Scene, und zulezt wird er zum rasend werden rasend. Die Elecktra ist wie die Bechtolsheim, nur gröser, stärker, hat einen guten Anstand, spricht die Verse schön nur immer von Anfang bis gegen das Ende toll, wie es leider die Rolle ⟨314⟩ verlangte. Indessen hab ich doch wieder gelernt. Der Italiänische immer eilfsilbige Jamb hat grose Unbequemlichkeiten, in der Deklamation, weil die letzte Sylbe immer kurz ist und also Widerwillen des Deklamators immer in die Höhe schlägt. Auch hab ich mir überlegt, daß ich mit dieser Truppe und vor diesem Volcke, wohl meine Iphigenie spielen wollte, nur würd ich eins und das andre verändern, wie ich überhaupt hätte thun müssen, wenn ich sie auch unsern Theatern, und unserm Publiko hätte näher bringen wollen.

Aber ach. Es scheint daß der letzte Funken von Anhänglichkeit ans The⟨a⟩ter ausgelöscht werden soll. Du glaubst nicht, wie mir das alles so gar leer, so gar nichts wird. Auch fang ich nun an zu begreifen ⟨315⟩ wie Euripides von der reinen Kunst seiner Vorfahren herunter stieg und den unglaublichen Beyfall erhielt. Man muß nur sehen, wenn man Augen hat und alles entwikelt sich.

Abends

Wenn ich dir nicht zu erzählen hätte, ich wäre nicht nach Hause gegangen. Der Vollmond, an einem ganz reinen Himmel, über den Lagunen, den Inseln, der sonderbaren Stadt, macht ein Herrliches Schauspiel, der Platz sieht wie eine seltsame Operndekoration aus und alles ist voll Menschen.

Nun in der Ordnung.

Heut früh war ich bey dem hohen Amte das der Doge, an diesem Tage, wegen eines alten Türcken Sieges, abwarten muß. Es ward in der Kirche der Heil. Justina gehalten.

Wenn die vergoldeten Barcken ankommen, die ihn und einen Theil des ⟨316⟩ Adels bringen, die seltsam bekleideten Schiffer sich mit ihren rothen Rudern bemühen, am Ufer die Geistlichkeit, die Brüderschafften mit denen hohen auf Stangen und tragbaren langen silbernen Leuchtern gesteckten Wachskerzen stehen und drängen und warten, und die langen Violeten Kleider der Savii, dann die langen rothen der Senatoren auftreten und endlich der Alte im langen goldnen Talar mit dem Hermelin

Mantel aussteigt, drey sich seiner Schleppe bemächtigen, und dann wieder soviel Nobili folgen, alles vor dem Portal einer Kirche, vor deren Thüre die Türckenfahnen gehalten werden; so glaubt man aufeinmal eine alte Gestickte Tapete zu sehn, aber eine recht gut gezeichnete Tapete.

⟨317⟩ Mir nordischen Flüchtling hat diese Cärimonie viel Freude gemacht. Bey uns, wo alle Fey⟨er⟩lichkeiten kurzröckig sind, und wo die grösten, die man sich dencken kann, mit dem Gewehr auf der Schulter begangen werden, mögte so etwas nicht am Orte seyn: aber hier her gehören diese Schleppröcke und diese friedliche Begehungen. Der Doge ist ein gar schön gewachsner und schön gebildeter Mann. Man sieht ihm aber an daß er kranck ist und sich nur noch so um der Würde willen unter dem schweeren Rocke grad hält, sonst sieht er eben aus wie der Grospapa vom ganzen Geschlechte, und ist gar hold und leutseelig.

Die Kleidung steht sehr gut. Das Läpgchen unter der Mütze beleidigt nicht, indem es ganz fein durchsichtig ist und auf den weisesten, klärsten Haaren von der ⟨318⟩ der Welt ruht.

Etwa fünfzig Nobili in langen dunkelrothen Kleidern waren mit ihm, meis⟨t⟩ schöne, keine einzige vertrackte Gestalt. Mehrere groß, mit großen Köpfen, vorgebauten Gesichtern, weis, weich, ohne schwammig, oder fatal satt auszusehn. Vielmehr klug ohne Anstrengung, ruhig selbst gewiß. Leichtigkeit des Daseyns und durchaus eine gewiße Fröhlichkeit.

Wie sich alles in der Kirche rangirt hatte und die Messe anfing, zogen die Brüderschafften zu Haup⟨t⟩thüre herein und zur rechten Seiten thüre hinaus, nachdem sie Mann für Mann, oder vielmehr Paar und Paar das Weyhwaßer empfangen und sich gegen den Hochaltar, den Doge und den Adel geneigt hatten.

⟨319⟩ Ich sah den Pallast Pisani. Schade daß man ihm das republikanische so sehr anspürt und doch ist auch das gut. Nach und nach gebaut, wegen nachbarlicher Hinderniße nicht ausgeführt, sehr hoch pp. eine schöne Aussicht über ganz Venedig ist auf dem Dache. Schöne Zimmer auch angenehm bewohnbar, obgleich nicht viel raffinirte Degagements, davon man ohnehin vor alten Zeiten wenig wußte und was hier ist, ist alles alt. |: Versteht sich von der Anlage :|

Hier bemerck ich eine schöne Art Estrich, den ich öffter gesehn habe. sie machen alle Arten Granit und Porphyr recht schön, auch wohl mit etwas phantastischen Farben nach, und die Boden sind reinlich und glänzend gehalten.

⟨320⟩ Scuola di St. Marco. Schöne Gemählde von Tintorett. den ich lange lieb habe und immer mehr lieb gewinne.

Ballon. Wie in Verona. Es waren zwey die exzellent schlugen. Das Publicum wettete und hatte große Freude. Und der gemeinste hatte ein Wort mit zu reden.

Heut Abend hatte ich mir den famosen Gesang der Schiffer bestellt, die den Tasso und den Ariost auf ihre Melodie singen. bey Mondenschein bestieg ich eine Gondel, einen Sänger vorn den andern hinten die ihr Lied anfingen und abwechsel⟨n⟩d Vers nach Vers sangen. Die Melodie, die wir durch Rousseau kennen, ist eine Art zwischen Choral und Recitativ. sie behält immer denselbigen Gang, ohne einen Tackt zu haben, ⟨321⟩ die Modulation ist auch immer dieselbige nur wenden sie, ie nach dem Innhalt des Verses, mit einer Art Deklamation sowohl Ton als Maas.

Der Geist und das Leben davon ist aber eigentlich dieses.

Wie sich die Melodie gemacht hat will ich nicht untersuchen, genug sie paßt trefflich für einen müsigen Menschen, der sich was vor modulirt und Gedichte die er auswendich kann diesem Gesange unterschiebt. Mit einer durchdringenden Stimme |: das Volck schätzt Stärcke vor allem :| sitzt er am Ufer einer Insel eines Canals, auf einer Barcke, und läßt sein Lied schallen soweit er kann. Uber dem Stillen Spiegel verbreitet sichs weit. In der Ferne ⟨322⟩ vernimmts ein andrer, der die Melodie kennt, die Worte versteht und antwortet mit dem folgenden Verse, der erste diesem wieder und so ist einer immer das Echo des andern und der Gesang währt Nächte durch unterhält sie ohne sie zu ermüden. Je ferner also sie von einander sind desto reitzender ist das Lied, wenn der hörer zwischen ihnen beyden ist, steht er am rechten Flecke. Um mich dieses hören laßen stiegen sie am Ufer der Giudecka aus, sie theilten sich am Canal hin, ich ging zwischen ihnen auf und ab, so daß ich immer den verlies der zu singen anfangen sollte und und dem wieder näherte der aufhörte. Da ward mir der Sinn des Gesangs erst aufgeschloßen. Und alsdann, als ⟨323⟩ Stimme aus der Ferne klingt es sonderbar, wie eine Klage ohne Trauer - und hat etwas unglaublich, biß zu Trähnen rührendes. Ich schrieb es meiner Stimmung zu, aber mein Alter sagte auf dem Hauswege: é singolare come quel canto intenerisce, é molto piu quando é piu ben cantato. Er erzählte mir daß man die Weiber vom lido, besonders die äussersten von Malamocco und Palestrina müsse singen hören, sie sängen den Tasso auch auf diese und ähnliche Melodien. Sie haben die Gewohnheit, wenn ihre Männer aufs Fischen im Meer sind, sich ans Ufer zu setzen und mit durchdringender Stimme Abends diese Gesänge zu singen, biß sie auch von ferne die Stimme der Ihrigen wieder hören und sich so mit ihnen unterhalten. Findst du das nicht schön? ⟨324⟩ sehr schön! Es läßt sich leicht dencken daß ein naher Z u h ö r e r wenig Freude an diesen Stimmen haben mögte, die mit den Wellen des Meers kämpfen. Aber wie menschlich und wahr wird der Begriff dieses Gesangs. Wie lebendig wird mir nun diese Melodie, über deren Todten Buchstaben wir uns sooft den Kopf zerbochen haben. Gesang eines Einsamen in die Ferne und Weite, daß ihn ein andrer gleichgestimmter höre, und ihm antworte.

Warum kann ich dir nicht auch einen Ton hinüber schicken, den du in der Stunde vernähmest und mir antwortetest.

Gute Nacht meine Liebe ich bin müde vom vielen Laufen und brückensteigen. Gute Nacht.

⟨325⟩ d. 8. Oktbr. Nach tische.

Der gute Alte Doge ist heute nicht zur Funcktion nach St Marco gekommen, er ist kranck und wir haben statt dieser Feyerlichkeit andre Gegenstände besucht, wir fahren fort die Stadt zu durchlaufen, das Wesen und Gewerb zu beschauen, und die Schätze einen nach dem andern aufzusuchen.

Palazzo Pisani Moretta. Ein Paolo Veronese, der einem einen Begriff von dem ganzen Werthe des Meisters geben. Es ist frisch, als wenn es gestern gemahlt wäre und seine große Kunst, ohne einen allgemeinen Ton, der durchs ganze Stück durchginge, blos mit den abwechselnden Lokalfarben, eine köstliche Harmonie hervorzubringen, ist hier recht sichtbar. Sobald ein Bild ⟨326⟩ gelitten hat, erkennt man nichts mehr davon.

Was das Costum betrifft darf man sich nur dencken: er habe

ein Süjet des sechzehnten Jahrhunderts mahlen wollen und so ist alles gut. Das jüngere Prinzeßgen ist gar ein artig Mausgen, und hat so ein ruhig eigensinnig Gesichtgen. Das übrige mündl.

Scuola di St. Rocco. pag. 554 Diese sogenannten Scuole, sind Gebäude, die verschiednen Brüderschafften gehören, wo sie ihre Zusammenkünfte halten, und ihre Geräthschafften und Schätze bewahren. Die Bruderschafft von St. Roch ist besonders nach einer Pest reich geworden, weil fromme Seelen diesem Patron ⟨327⟩ und der Santissima Vergine die Befreyung von der Pest danckten, die, nachdem sie vom März bis in den November gewüthet hatte, nun gegen den Winter von selbst aufhörte.

Heute fiel mir recht auf, wie doch eigentlich der Mensch das Unsinnige, wenn es ihm nur sinnlich vorgestellt werden kann, mit Freuden ergreift, deßwegen man sich freuen sollte Poet zu seyn. Was die Mutter Gottes für eine schöne Erfindung ist, fühlt man nicht eher als mitten im Catholicismus. Eine V e r g i n e mit dem S o h n auf dem Arm, die eben darum s a n t i s s i m a V e r g i n e ist, weil sie einen Sohn zur Welt gebracht hat. Es ist ⟨328⟩ ein Gegenstand, vor dem einem die Sinne so schön stillstehn, der eine gewiße innerliche Grazie der Dichtung hat, über den man sich so freut und bey dem man so ganz und gar nichts dencken kann; daß er recht zu einem religiosen Gegenstande gemacht ist.

Leider aber sind diese Gegenstände die Geißel der Mahler gewesen und Schuld daß die Kunst gesuncken ist, nachdem sie sich kaum erhoben hatte. Eine Danae ist immer eine andre Aufgabe für den Künstler, als eine Empfängniß Mariä und doch im Grund derselbe Gegenstand. Nur daß der Künstler aus der ersten viel, aus der zweyten nichts machen kann.

Das Gebäude der Sc. di St Rocco ⟨329⟩ ist prächtig und schön, ohne ein Meisterstück der Baukunst zu seyn.

Damals war noch eine Zeit für Mahler. Tintoret hat die großen Gemählde des Hauptsaals verfertigt. Auch eine große Creutzigung in einem Nebenzimmer.

Meine neuliche Bemerkung bestätigt sich mir, doch muß ich mich genau erklären.

Hier sind auch große Figuren, trefflich gemahlt und die Stücke gut gedacht; aber die Gemählde würden alle mehr Reitz haben wenn sie kleiner wären. Die Gestalten sind ihm, wenn ich so sagen darf, in einem kleineren Formate erschienen und er hat sie nur nach dem Maasstabe vergrösert, ohne ihre innerliche Natur ⟨330⟩ vergrößern zu konnen.

Seine Gestalten seine Compositionen haben nicht die Sodezza welche zu großen Figuren erfordert wird. Sie beschäfftigen das Auge angenehm und geben einen fröhlichen Begriff in einem kleinen Maasstab, aber sie haben nicht innerlichen Gehalt genug um einen so großen Raum einzunehmen um uns mit ihrer Gegenwart zu imponiren.

So ist zum Exempel nicht genug daß eine Figur kolossal sey, wenn sie 9 oder 10 Fus hat, ihre Natur muß kolossal seyn, sie muß mir nicht durch ihr Maas, sie muß mir durch ihre Existenz imponiren, daß ich nicht an sie reiche, wenn ich mich auch selbst vergrößre.

In dem Saale halt ich das Abendmal, neben dem Altar fur das beste ⟨331⟩ Stück, wenigstens war es mir das gefälligste. Er hat den tisch zurückgesezt und vorwärts einen großen Bettler und ein Weib auf Stufen sitzend angebracht. alle Hinter Gründe und die Figuren darauf haben eine unbeschreibliche Vaghezza.

Als dann war ich in dem Judenquartier und an andern Ecken und Enden.

Abends.

Heute hab ich dir nicht viel zu erzählen, ich war wieder ai Mendicanti, wo die Frauenzimmer die Musicken aufführen, sie haben wieder ganz herrlich gesungen, besonders die eine die ich dir neulich rühmte. Wenn man nur so einen Eindruck im Ohre behalten könnte.

Hernach bin ich mit einem alten Franzosen ⟨332⟩ der kein Italiänisch kann und hier wie verrathen und verkauft ist, u. mit allen Rekommandations Briefen doch manchmal nicht recht weiß woran er ist. Es ist ein Mann von Stande und sehr guter Lebensart, dem ich sehr höflich begegne und mit ihm über alle Dinge rede, ich sprach ihm von Venedig pp er fragte mich wie lang ich hier sey, ich sagte ihm; noch nicht 14 Tage. Er versetzte: il paroit que Vous n'avez pas perdu votre tems. Das ist das erste

Testimonium meines Wohlverhaltens, das ich aufweisen kann. Morgen werd ich eine große Fahrt unternehmen.

Wenn ich dich nur der einen Arie und des Mondscheins am Ufer und auf dem Platze durch gute Geister theilhaftig machen könnte. Gute Nacht.

⟨333⟩ d. 9. Oktbr.

Ein köstlicher Tag von Morgends biß in die Nacht. Ich fuhr biß Palästrina, gegen Chiozza über wo die großen Baue sind, die die Republick gegen das Meer führen läßt. sie sind von gehaunen Steinen und sollen eigentlich die lange Erdzunge sichern, welche die Lagunen von dem Meere trennt, ein Höchst nöthiges und wichtiges Unternehmen. Eine große Carte die ich mitschicke wird dir die Sache begreiflich machen.

Die Lagunen sind eine Würkung der Natur, daß in dem Busen des Adriatischen Meers sich eine ansehnliche Landstrecke befindet welche von der Fluth besucht und von der Ebbe zum theil verlassen wird. Wie Venedig, die Inseln, die Canäle die durch die Sümpfe durchgehn und auch zur Zeit der Ebbe befahren werden ⟨334⟩ ietzt stehn und liegen, ist ein Werk der Kunst und des Fleißes; und Kunst und Fleiß müßen es erhalten.

Das Meer kann nur an zwey Orten in die Lagunen, bey den Castellen gegen dem Arsenal über und am andern Ende des lido bei Chiozza. Die Fluth tritt gewöhnlich des Tags zweymal herein und die Ebbe bringt das Wasser zweymal hinaus, immer durch denselben Weg, in der selben Richtung, füllt die Canäle und bedeckt die Morastigen Landstellen und so fliests wieder ab, läßt das erhabnere Land, wo nicht trocken, doch sichtbar und bleibt in den Canälen stehn. - Ganz anders wäre es wenn es sich nach und nach andre Wege suchte, die Erdzunge angriffe und nach Willkühr hinein ⟨335⟩ und heraus strömte. Nicht gerechnet daß die Ortgen auf dem lido: Palestrina, St Peter pp leiden würden; so würden die Canäle stellenweis ausgefüllt werden, das Wasser würde sich neue Canäle suchen, den lido zu Inseln und die Inseln die jetzt in der Mitte liegen vielleicht zu Erdzungen machen. Dieses nun zu verhüten, müssen sie den Lido bewahren was sie können. Nicht daß das Meer wüchse, sondern daß das Meer nur willkührlich das angreifen und hinüber und hinüber werfen würde, was die Menschen schon in Besitz genommen, dem sie schon zu einem gewißen Zweck, Gestalt und ⟨336⟩ Richtung gegeben haben.

Bey auserordentlichen Fällen, wie deren gewesen sind, daß das Meer übermäsig wuchs, ist es auch immer gut, daß es zu zwey Orten herein kann und das übrige verschloßen ist, es kann also doch nicht so schnell nicht mit solcher Gewalt eindringen und muß sich dann doch auch wieder in einigen Stunden dem Gesetz der Ebbe unterwerfen und auch so wieder seine Wuth lindern. Ubrigens hat Venedig nichts zu besorgen, die Langsamkeit mit der das Meer abnimmt, läßt ihr Jahrtausende Raum, und sie werden schon den Canälen klug nach helfend sich im Besiz des Wassers zu halten ⟨337⟩ wißen. Wenn sie ihre Stadt nur reinlicher hielten, das so nothwendich und so leicht ist, und würklich auf die Folge von Jahrhunderten von großer Consequenz. So ist Z. E. bey schweerer Strafe verboten nichts in die Canäle zu schütten noch Kehrig hinein zu werfen. Einem schnell einfallenden Regen aber ists nicht untersagt, alle den in die Ecken geschobenen Kehrigt aufzusuchen und in die Kanäle zu schleppen. Ja, was noch schlimer ist, den Kehrigt in die Abzüge zu führen, die allein zum Abfluß des Waßers bestimmt sind und sie zu verschlemmen. Selbst einige Carreaus auf dem kleinen Markus ⟨338⟩ Platze, die, wie auf dem großen zum Abfluß des Waßers gar klug angelegt sind, hab ich so verstopft und voll Waßer gesehen. Wenn ein Tag Regenwetter einfällt ist ein unleidlicher Koth. Alles flucht und schimpft. Man besudelt, beym Auf und Absteigen der Brücken, die Mantel, die Tabaarros, alles läuft in Schun und Strümpfen und bespritzt sich, und es ist kein gemeiner sondern wohl beitzender Koth. Das Wetter wird wieder schön und kein Mensch denkt an Reinlichkeit. Der Souverain dürfte nur wollen; so geschäh es, ich möchte wißen ob sie eine politische Ursache haben, das so zu laßen, oder ob es die kostbare Negligenz ⟨339⟩ ist, die dieses hingehn läßt.

Heute Abend ging ich auf den Markusthurn. Da ich neulich die Lagunen in ihrer Herrlichkeit, zu Zeit der Fluth, von oben gesehn hatte, wollt ich sie auch zur Zeit der Ebbe in ihrer Demuth sehn. und es ist nothwendig diese beyden Bilder zu verbinden, wenn man einen richtigen Begriff haben will. Es sieht sonderbar aus, da überall Land erscheinen zu sehen, wo vorher Wasserspiegel war. Die Inseln sind nicht mehr Inseln, sondern nur höhere bebaute Plätze eines großen graugrünlichen Morastes den schöne Canäle durchschneiden. Der Sumpfige Theil ist mit einem Wassergras bewachsen und muß ⟨340⟩ sich auch dadurch nach und nach heben, obgleich Ebbe und Fluth beständig dran rupfen und wühlen und der Vegetation keine Ruhe laßen.

Ich kehre noch einmal ans Meer zurück! Dort hab ich heut die Wirthschafft der Seeschnecken, Patellen |: Muscheln mit E i n e r Schaale :| der Taschenkrebse gesehen und mich herzlich darüber gefreut. Was ist doch ein l e b e n d i g e s , für ein köstlich herrliches Ding. Wie abgemeßen zu seinem Zustande, wie wahr! wie s e y e n d! Und wieviel hilft mir mein bischen Studium und wie freu ich mich es fortzusetzen! Gute Nacht meine Liebe! Ich habe nun einen Vitruv den muß ich studiren, damit ich erleuchtet werde. Gute Nacht.

⟨341⟩ d. 10 Oktbr.

Heut hab ich angefangen mein Tagebuch durchzugehn und es zur Abreise zuzurichten. Die Ackten sollen nun inrotulirt und dir zum Urtheilsspruche zugeschickt werden. Schon jetzt find ich manches in den geschriebnen Blättern das ich näher bestimmen, das ich erweitern und verbeßern könnte. Es mag stehen als Denkmal des ersten Eindrucks, der, wenn auch nicht immer wahr, uns doch köstlich und werth ist.

Ich fange auch an mich zum Schluße zu bereiten. Iphigenie wird nicht fertig; aber sie soll in meiner Gesellschafft unter diesem Himmel nichts verlieren. O könnt ich dir nur einen Hauch dieser leichten Existenz hinüber senden.

Ach wohl, ist den Itälianern das Vltramontano ein dunckler Begriff! ⟨342⟩ mir ist er's auch. Nur du und wenige Freunde winckt mir aus dem Nebel zu. Doch sag ich aufrichtig das Clima ganz allein ists, sonst ists nichts was mich diese Gegenden jenen vorziehen machte.

Denn sonst ist doch die Geburt und Gewohnheit ein mächtiges Ding, ich möchte hier nicht leben, wie überhaupt an keinem Orte, wo ich nicht beschäfftigt wäre.

Die Baukunst steigt vor mir wie ein alter Geist aus dem Grabe, sie heist mich ihre Lehren wie die Regeln einer *ausgestorbnen Sprache* studiren, nicht um sie zu üben oder mich in ihr lebendig zu freuen, sondern nur um die ehrwürdige und ewig abgeschiedne Existenz der vergangnen ⟨343⟩ Zeitalter in einem stillen Gemüth zu verehren.

Gott sey Dank wie mir alles wieder lieb wird was mir von Jugendauf werth war. Wie glücklich bin ich daß ich mich der römischen Geschichte, den alten Schrifftstellern wieder nahen darf! und mit welcher Andacht les ich den Vitruv!

Jetzt darf ich's sagen, darf meine Kranckheit und thorheit gestehen. Schon einige Jahre hab ich keinen lateinischen Schrifftsteller ansehen, nichts was nur ein Bild von Italien erneuerte berühren dürfen ohne die entsetzlichsten Schmerzen zu leiden.

Herder scherzte immer mit mir, ⟨344⟩ daß ich alle mein Latein aus dem Spinoza lernte, denn er bemerckte daß es das einzige lateinische Buch war das ich las. Er wußte aber nicht daß ich mich für jedem Alten hüten mußte. Noch zuletzt hat mich die Wielandische Ubersetzung der Satyren höchst unglücklich gemacht ich habe nur zweye leßen dürfen und war schon wie toll.

Hatt ich nicht den Entschluß gefaßt den ich jetzt ausführe; so wär ich rein zu Grunde gegangen und zu allem unfähig geworden, solch einen Grad von Reife hatte die Begierde diese Gegenstände mit Augen zu sehen in meinem Gemüth erlangt. Denn ich konnte mit ⟨345⟩ der historischen Erkänntniß nicht näher, die Gegenstände standen gleichsam nur eine Handbreit von mir ab waren aber durch eine undrurchdringliche Mauer von mir abgesondert.

Denn es ist mir wircklich auch jetzt so, nicht als ob ich die Sachen sähe, sondern als ob ich sie wieder sähe. Ich bin die kurze Zeit in Venedig und die Venetianische Existenz ist mir so eigen als wenn ich zwanzig Jahre hier wäre. Auch weis ich daß ich, wenn auch einen unvollständigen, doch gewiß einen ganz klaren und wahren Begriff mit fort nehme.

⟨346⟩ Mitternacht.

Nun kann ich denn endlich auch einmal sagen daß ich eine

Commödie gesehn habe. Sie spielten heut auf dem Theater St. Luca

Le baruffe chiozzotte

welches sich allenfalls übersetzen ließe, les cria⟨i⟩lleries de Chiozza oder die Händel in Chiozza.

Die Handelnde sind lauter Seeleute, Einwohner von Chiozza und ihre Weiber und Schwestern und Töchter. Das gewöhnliche Geschrey, im Guten und Bösen dieser Leute, ihre Händel, heftigkeit, Manieren, Gutmütigkeit, Plattheit, Witz, Humor pp sind gar brav nachgeahmt. Das Stück ist noch von Goldoni. Da ich erst gestern in der Gegend war, und mir der Eindruck der Stimmen und Manieren der Leute ⟨347⟩ noch in Aug und Ohr wieder schien und wieder klang, so machte mirs große Freude und ob ich gleich manches bon mot nicht verstand; so konnt ich doch dem Ganzen recht gut folgen und mußte herzlich mitlachen. Aber auch so eine Lust hab ich nicht gesehn als das Volck hatte, sich und die seinigen so spielen zu sehn. Ein Gelächter und Gejauchze von Anfang biß zum Ende. Ich muß aber auch sagen daß die Ackteur es exzellent machten. Sie hatten sich gleichsam nach der Anlage der Caracktere in die verschiednen Stimmen getheilt die dem Volck gewöhnlich sind. Es betrog einen von Anfang ⟨348⟩ biß zu Ende.

Die erste Acktrice war allerliebst, viel besser als neulich in der Helden Tracht und Passion. Die Frauen überhaupt, besonders aber sie, machten Stimme Gebärden und Wesen des Volcks aufs anmutigste nach.

Vorzüglich ist aber der Verfasser zu loben, der aus nichts den angenehmsten Zeitvertreib seinem Volck verschafft hat, man sieht die unendlich geübte Hand durchaus.

⟨349⟩ d. 11. Abends.

Ich war wieder in der Carita |: siehe p. 13^b dieses Stücks :| zu den großen Gedancken des Palladio wallfahrtend. Jahre könnte man in der Betrachtung so eines Wercks zubringen. Morgen früh will ich wieder hin. Denn mich dünckt ich habe nichts höhers gesehn. Und ich glaube daß ich mich nicht irre. Dencke aber auch, der treffliche Künstler mit dem innerlichen Sinn fürs Große gebohren, den er mit dem größten Fleiß ausgebildet hatte

|: denn von seiner Mühe die er sich um die Werke der Alten gegeben hat man gar keinen Begriff :| findet Gelegenheit einen Lieblings gedanken auszuführen, eine Wohnung der Alten nachzubilden, Gelegenheit da wo der Gedancke ganz paßt. Er ist in nichts genirt und läßt sich von nichts geniren. Von der Erfindung und Zeichnung sag ich nichts; ⟨350⟩ nur ein Wort von der Ausführung. Nur die Häupter und Füße der Säulen und einige ander Theile pp die ich wohl gemerckt habe sind von gehaunen Steinen. Das übrige alles |: ich darf nicht sagen von Backsteinen :| von gebranntem Thon, denn solche Ziegeln kenn ich gar nicht du kannst dir die Schärfe dencken da die Frise mit ihren Zierrathen auch daraus gebrannt ist und die verschiedne theile des Karnieses auch. Er hat also voraus zu allem Formen machen laßen, die soviel gröser müßen gewesen seyn als der Thon schwindet, die Theile sind alle gebrannt fertig gewesen und man hat das Gebäude nur so mit wenigem Kalck zusammengesezt. Die Zierrathen der Bogen, alles ist so gebrannt. Diese Art war mir nicht ganz neu, aber wie es hier aus- ⟨351⟩ geführt ist, geht über meine Gedanken. In Dessau haben sie auch diesen Weg eingeschlagen, und vermuthlich hat ihn Palladio von den Alten. Aber ebendeßwegen ist das Ganze wie Ein Guß, wenn es nun abgetüncht wäre daß alles eine Farbe hätte, es müßte bezaubernd seyn. Du liebes Schicksal das du so manche Dummheit begünstigt und verewigt hast, warum liesest du das Werck nicht fertig werden. Von einer Treppe |: einer Wendeltreppe ohne Säule in der Mitte :| die er selbst in seinen Wercken lobt - la quale riesce mirabilmente - hab ich glaub ich noch nichts gesagt. Du kannst dencken, wenn Palladio sagt che riesce mirabilmente, daß es etwas seyn muß. Ja es ist nichts als eine Wendel- ⟨352⟩ treppe die man aber nicht müd wird auf und abzusteigen. Auch hab ich heute die Sakristey gesehn, die gleich an der Treppe liegt und nach seinem Riße ausgeführt ist, morgen kehr ich noch einmal hin. Wenn ich mirs nur recht in Sinn und Gemüth eindrücken könnte.

Das lustigste ist wie ich meinem Alten Lohnbedienten das alles demonstrire, weil das Herz voll ist geht der Mund über, und er das wunderbare immer auf einer andern Seite sucht.

Leb wohl. Mein Alter Franzoße der nun 8 Tage hier ist geht morgen fort, es war mir köstlich einen recht eingefleischten Versailler in der Fremde zu sehn. Er reißt auch, an dem hab ich mit Erstaunen gesehen wie man reisen kann, und es ist auf seinem Flecke ein recht ordentlicher Mann. Lebe wohl beste.

⟨353⟩ d. 12. Oktbr.

Ich bin heute zu Hause geblieben um meinen Sachen Ordnung zu geben, zu rechnen, Zeitungen zu lesen, zu schreiben und mich zum Abschied und zur weitern Reise vorzubereiten. Im Vorhofe hab ich mich gut umgesehn, wir wollen weiter das beste hoffen.

In meinem Tagebuche findest du die ersten augenblicklichen Eindrücke, wie schön wird es seyn, wenn ich dir die Verbindung und Erweiterung der Begriffe dereinst mündlich mittheilen und dich in guten Stunden unterhalten kann.

Gestern gaben sie zu St. Luca ein neues Stück l'Inglisismo in Italia. Da viele Engländer in Italien leben, ists natürl. daß ihre Sitten Einfluß haben, ich dachte da etwas zu erwischen, was mich in der Folge leitete, aber es war nichts. Karikatur wie immer, einige glückliche Narrenscenen, aber übrigens viel zu schwer und ernstlich gemeynt, und war nur gegen das gemeinste gerichtet. Auch gefiel es nicht und war auf dem Punkte ausgepfiffen zu werden.

⟨354⟩ Und dann auch die Schauspieler waren nicht in ihrem Elemente, nicht auf dem Platze von Chiozza.

NB von der Truppe Sacchi, welche übrigens zerstreut ist hab ich die S m e r a l d i n a gesehn. Der B r i g h e l l a ist auch noch hier, aber auf St. Grisostomo, ein Theater das mir ein wenig entlegen ist.

Uber Masken und wie sich dergleichen decidirte Figuren von selbst bilden in der Folge mehr.

Lebe wohl für heute. Mir ist der Kopf wüste, von meinem heutigen einsamen thätig, unthätigen Tage.

d. 13. Octbr.

Nun meine liebste muß ich schließen. Morgen geh ich ab, und dieses Packet auch. Des Sehens bin ich müde und überdenke mir in der Stille das Vergangne und was bevorsteht.

So viel ich geschrieben habe; so bleibt ⟨355⟩ doch viel mehr inn Sinne zurück, doch ist das meiste angedeutet.

Uber die Nation selbst und das pro und contra aller Nationen unter einander, über den Grund karackter und die Hauptexistenz von dieser; über das Leben der Vornehmern, ihre Wohnungen, Art zu seyn pp darüber mündlich wie über manches andre.

Mir sey jezt genug dir mit Freuden alles zu schicken was ich auf dem Wege aufgerafft habe, damit du es selbst beurtheilest und mir zum Nutzen und Vergnügen aufbewahrest. Die erste Epoche meiner Reise ist vorbey, der Himmel segne die übrigen und vor allen die letzte die mich wieder zu dir führen wird.

Die Beylagen und Zeichnungen hab ich in den Kasten gethan der den Kaffee bringen wird. Es ist der ausgesuchteste von Alexandrien den man hier haben ⟨356⟩ kann. Du erhäl⟨t⟩st 25 Pf.⟨und⟩ davon gieb 5 der regier. Herzoginn mit den schönsten Empfehlungen und 5 an Herders das übrige behalte für dich. Schmeckt er; so kann ich mehr verschaffen.

Lebe wohl. Ich schließe ungern. Wenn alles recht geht; so erhäl⟨t⟩st du dieses vor Ende Oktobers und das Tagebuch der zweyten Epoche sollst du Ende Novembers haben. So werd ich dir wieder nah und bleibe bey dir. Lebe wohl. Grüse die Deinigen. Ich bin fern und nah der Eurige.

G.

⟨361⟩ Fortgesetztes Verzeichniß der Steine.

36. Steine aus den Paduanischen Gebirgen womit sie in Padua und Vendig pflastern. Ob Lava? ob Porphyr?
37. Kalckstein der mit der Säge geschnitten und verschieden zu Gebäuden gebraucht wird aus den Vordergebirgen der großen Kette. Vitruv gedenckt seiner.
38. Kalcksteine die eine Zeitlang im Meer gelegen und von Meerwürmern angefressen sind.
39. Meeres Schlamm zusammen gebacken. Wohl die neuste aller Steinarten.
40. Basaltgeschiebe aus dem Adriatischen Meer.
41. Kalck von der Mauer bey Palestrina mit Traß gemischt.

Reise Tagebuch
von Venedig
über Ferrara
Cento
Bologna
Florenz
Perugia pp
nach Rom.

Fünftes Stück.

1786.

⟨371⟩ Venedig d. 14. due ore dopo Notte.
In der letzten Stunde meines hierseyns, denn ich gehe diese Nacht mit dem Courier schiff nach Ferrara. Ich verlaße Venedig gern. Um mit Vergnügen und Nutzen hier zu bleiben, müßt ich andre Schritte nun thun, die ausser meinem Plane liegen. Auch ist ietzt die Zeit da alles die Stadt verläßt. Ich trage das sonderbare, einzige Bild mit mir fort und so vieles andre. Ob ich gut aufgepaßt habe, sollst du sagen, wenn ich zurück komme und wir über diese Gegenstände sprechen. Mein Tagebuch biß heute hab ich dem Fuhrmann mit gegeben, es kommt also später als ich glaubte, doch wünsch ich zur guten Stunde.

Das Clima mögt ich dir zusenden oder dich darein versetzen können. Sonst wäre hier für uns beyde keine Existenz. Lebe wohl. Seit Verona ⟨372⟩ hab ich mich nicht von dir entfernt, nun gehts weiter und weiter.

Sonderbar! Ich sehe aus den Zeitungen daß über dem Gebürg das Wetter entsetzlich muß geraßt haben. Die Iser hat großen Schaden gethan. Es kann keine zwey Tage, nachdem ich sie paßirt, geschehen seyn.

Hier hab ich einige Regengüße, einen sehr starcken Nachts, mit Donner und Blisen, erlebt. Diese Wetter kommen aus dalmatien herüber. Es ist aber alles gleich vorbey. Der Himmel hellt sich aus und die Wolken werfen sich an das Friauler, Tyroler und Paduaner Gebürg. Im Florentinischen haben sie auch ein entsetzlich Donner wetter mit Plazregen gehabt. Es scheint dasselbe gewesen zu seyn was ich in Verona abwartete.

⟨373⟩ Ferrara d. 16. Nachts.
In der großen, schönen, entvölckerten Stadt, wo Ariost begraben liegt und Taßo unglücklich ward, bin ich seit heute früh deutschen Zeigers um 7 Uhr und werde morgen wieder weggehn.

Der Weg hierher ist sehr angenehm und wir hatten herrlich Wetter. Auf dem Curier schiff waren leidliche Menschen, und die Aus und Ansichten zwar einfach aber anmutig. Der Po ist ein freundlicher Fluß; er geht hier durch große Plainen und man sieht nur seine Ufer. Ich sah hier und am Adige alberne Wasserbaue, die ganz kindisch und schädlich sind.

Die beyden Nächte bracht ich, in meinen Mantel gewickelt,

auf dem Verdeck zu; nur gegen Morgen ward es kühl; ich bin nun in den 45 Grad würklich eingetreten und ich wiederhohle ich will ihnen alles laßen, wenn ich nur wie Dido so viel Clima mitnehmen könnte als ich mit einer Kuhhaut umspannen könnte ⟨374⟩ um es um unsre Wohnung zu legen. Es ist ein ander seyn.

Ich habe meist gesehen was Volkmann von p. 484-489 anzeigt. Das Bild Herodes und Herodias ist recht brav. Johannes in seinem gewöhnlichen Wüsten Kostume deutet auf die Dame, sie sieht ganz gelaßen den neben ihr sitzenden Fürsten, und der Fürst auf sein Hand gestützt still und klug den Propheten an. Vor dem Könige steht ein weißer mittelgroßer Hund und unter dem Rocke der Herodias kommt ein kleiner Bologneser hervor, die Beyde den Propheten anbellen. Mich dünckt, das ist recht glücklich.

Ariosts Grabmal ist viel Marmor, schlecht ausgetheilt.

Statt Taßos Gefängniß zeigen sie einen Holzstall oder Gewölbe wo er gewiß nicht aufbewahrt worden ist. Es weis auch kaum im Hause mehr jemand was man will.

Von einem schönen Akademischen Institut das ein aus Ferrara bürtiger Cardinal beschützt und bereichert, kann ich dir für Mü- ⟨375⟩ digkeit nichts mehr sagen.

Auch sind in dem Hofe einige köstliche alte Denckmäler.

Cento d 17. Abends 6.
hierzu Lande N a c h t.

In einer bessern Stimmung als gestern Abend schreib ich dir heute aus Guercins Vaterstadt. Vor allen Dingen

Siehe Volkm. p.

Ein freundliches wohlgebautes Städtgen ohngefähr 5000 Einwohner, nahrhaft, lebendig reinlich in einer unübersehlichen Plaine liegend. Ich war nach meiner Gewohnheit auf dem Thurm. Ein Meer von Pappelspitzen, zwischen denen man in der Nähe die kleinen Bauerhöfgen erblickt, jeden mit seinem Feld umgeben. Köstlicher Boden und ein mildes Clima. Es war ein Abend, wie wir dem Himmel dancken Sommer abende zu haben.

Der Himmel, der den ganzen Tag bedeckt war, hat sich aufgeheitert die Wolcken haben sich nord und südwärts ans Gebirg geworfen und ich hoffe einen schönen morgenden Tag.

⟨376⟩ Sie haben hier zwey Monate eigentlich Winter, Dez. und Jan. und einen regnichen April. übrigens nach Beschaffenheit der Jahrszeit gut Wetter. Nie anhaltenden Regen. Doch war dieser Sept. auch beßer und Wärmer als ihr August.

Wie freut' ich mich heute die Apenninen zu sehn. Denn ich bin der Plainen nun herzlich satt. Morgen schreib ich dir an ihrem Fuße.

Hier sind einige Bilder von Guerch. die man Jahre lang ansehn könnte.

Die liebsten sind mir:

Der Auferstandne Christus, der seiner Mutter erscheint. Sie kniet vor ihm und sieht ihn mit unbeschreiblicher Innigkeit an, mit der lincken fühlt sie an seinen Leib, gleich unter der unglückseligen Wunde, die das ganze Bild verdirbt. Er hat seine Lincke Hand um ihren Hals gelegt und biegt sich um sie in der Nähe anzusehn ein wenig mit dem Körper zurück. Das giebt der Figur ein ⟨377⟩ klein wenig etwas, ich will nicht sagen gezwungnes aber doch fremdes. Demohngeachtet bleibt sie unendlich angenehm. Und der still traurige Blick mit dem er sie ansieht, als wenn ihm eine Erinnerung seiner und ihrer Leiden, die durch eine Auferstehung nicht gleich geheilt werden, vor der edlen Seele schwebte.

Strange hat das Bild gestochen, es ist also Hoffnung daß du es in der Copie siehst.

Dann folgt. Eine Madonna. Das Kind verlangt nach der Brust und sie zaudert schamhaft die Busen zu entblösen und sie ihm zu reichen. köstlich schön.

Dann Maria die dem vor ihr stehenden und nach dem Zuschauer gerichteten Kinde, den Arm führt daß es mit aufgehobnen Fingern den Segen austheile. Im Sinn ⟨378⟩ der katholischen Mythologie ein glücklicher Gedancke.

Guerchin ist ein innerlich braver männlich gesunder Mahler ohne Roheit, vielmehr haben seine Sachen eine innerliche Moralische Grazie, eine schöne Freyheit und Grosheit. Dabey eine Eichenheit daß man seine Werke wenn man einmal das Auge drauf gebildet hat nicht verkennen wird.

So rück ich nach und nach. Die Venetianische Schule hab ich wohl gesehn morgen komm ich nach Bologna, wo denn auch meine Augen die Cezilia von Raphael erblicken werden. Was aber die Nähe von Rom mich zieht drück ich nicht aus. Wenn ich meiner Ungedult folgte, ich sähe nichts auf dem Wege und eilte nun grad aus. Noch vierzehn Tage und eine Sehnsucht von 30 Jahren ist gestillt! Und es ist mir immer noch als wenns nicht möglich wäre.

⟨379⟩ Von G. Pinsel sag ich nichts das ist eine Leichtigkeit und Reinigkeit und Vollendung die unglaublich ist. Besonders schöne in's Braune gebrochne Farben hat er zu den Gewändern gewählt.

Die Gegenstände der übrigen Bilder, die ich nicht nenne sind mehr oder weniger unglücklich. Der gute Künstler hat sich gemartert und doch Erfindung und Pinsel, Geist und Hand verschwendet, und verlohren.

Es ist mir lieb und werth daß ich auch das gesehn habe, obgleich in diesem Vorüberrennen wenig Genuß ist

Gute Nacht m. L. ich habe auch heute Abend keine rechte Sammlung.

Du verzeihst daß ich so hinschreibe, es ist doch in der Folge mehr als ein weiß Blat. Gute Nacht.

⟨380⟩ d. 18. Bologna. Abends.

Ich habe eben einen Entschluß gefaßt der mich sehr beruhigt. Ich will nur durch Florenz durchgehn und grade auf Rom. Ich habe keinen Genuß an nichts, biß jenes erste Bedürfniß gestillt ist, gestern in Cento, heute hier, ich eile nur gleichsam ängstlich vorbey daß mir die Zeit verstreichen möge, und dann mögt ich, wenn es des Himmels Wille ist zu Allerheiligen in Rom seyn um das grose Fest am rechten Orte zu sehn und also einige Tage voraus, da bleibt mir nichts übrig als ich muß Florenz liegen laßen und es auf einer frohen Rückreise mit geöffneten Augen sehn.

Auch hier in Bologna müßte man sich lange aufhalten.

Siehe nunmehr Volckmanns ersten Theil, von pag. 375 biß. 443.

p. 402. Madonna di Galiera. Sakristey treffliche Sachen.

p. 403. Giesu e Maria, die Beschneidung ⟨381⟩ von Guercin. Dieser unleidliche Gegenstand, ganz trefflich ausgeführt. Ein Bild, was man sich dencken kann gemahlt. Es ist alles daran respecktabel, und ausgeführt ist es als ob es Emaille wäre.

425. Pall. Tanari. Der Kopf der Maria als wenn ihn ein Gott gemahlt hätte. Der Ausdruck ist unbeschreiblich mit dem sie auf das säugende Kind herunter sieht. Mir drückts eine stille tiefe Duldung als wenn sie das Kind, nicht das Kind der Liebe und Freude sondern einen untergeschobnen himmlischen Wechselbalg nur so an sich saugen ließe, weil es nun einmal so ist und sie in tiefer Demuth gar nicht begreift wie sie dazu kommt.

An der übrigen herrlichen Figur ist wenig Genuß das ungeheure Gewand, so herrlich es gemahlt ist bleibt doch nur Gewand. Auch sind ⟨382⟩ die Farben dunckler Geworden, das Zimmer ist nicht das hellste und es war ein trüber Tag.

p. 387. Ich war im Institute. Davon will ich dir nichts sagen. Es ist eine schöne edle Anlage, aber wir Deutschen so ultramontan wir sind, sind doch in unsern Sammlungen, Akademien, Lehrarten pp weiter vorgerückt. Doch will ich ihm gerne Gerechtigkeit wiederfahren laßen, daß es viel ist in Einem Hause das alles aufzuweisen und zum allgemeinen Nutzen bereit zu finden.

Heute früh hatt ich das Glück von Cento herüberfahrend, zwischen Schlaf und Wachen den Plan zur Iphigenie auf Delphos rein zu finden. Es giebt einen f ü n f t e n A c k t und eine W i e d e r e r k e n n u n g dergleichen nicht viel sollen aufzuweisen seyn. Ich habe selbst drüber geweint wie ein Kind und an der Behandlung soll man hoff ich das Tramontane erkennen.

⟨383⟩ d 19 Abends.

Ich möchte dir nun auch gerne wieder einmal ein ruhig, vernünftiges Wort schreiben denn diese Tage her wollt es nicht mit mir. Ich weiß nicht wie es diesen Abend seyn wird. Mir läuft die Welt unter den Füßen fort und eine unsägliche Leidenschafft treibt mich weiter. Der Anblik des Raphaels und ein Spaziergang gegen die Berge heut Abend haben mich ein wenig beruhigt und mich mit leisem Band an diese Stadt geknüpft. Ich sage dir alles wie mir ist und ich schäme mich vor dir keiner Schwachheit.

Zuerst denn die Cecilie von Raphael. Es ist was ich voraus wußte nun aber mit Augen sah. Er hat eben gemacht was andre zu machen wünschten. Um ihn zu erkennen, ihn recht zu schätzen, und ihn auch wieder nicht als einen Gott zu preisen, der wie Melchisedech ohne Vater und Mutter erschiene, muß man seine

Vorgänger, seinen Meister ansehn. ⟨384⟩ Diese haben auf dem festen Boden der Wahrheit Grund gefaßt, sie haben die breiten Fundamente, emsig, ja ängstl. gelegt, sie haben mit einander wetteifernd die Pyramide stufenweiße in die Höhe gebracht, bis zu letzt er, von allen diesen Vortheilen unterstützt, von einem himmlischen Genius erleuchtet die Spitze der Pyralnide ⟨Pyramide⟩, den letzten Stein aufsetzte, über dem kein andrer, neben dem kein andrer stehn kann. Uber das Bild mündlich denn es ist weiter nichts zu sagen als daß es von ihm ist. Fünf Heilige neben einander, die uns alle nichts angehn, deren Existenz aber so vollkommen ist daß man dem Bilde ein Dauer in die Ewigkeit wünscht, wenn man gleich zufrieden ist selbst aufgelößt zu werden.

Die Älteren Meister seh ich mit besonderm Interesse, auch seine erste Sachen. Francesko di Francia ist gar ein respecktabler Künstler. ⟨385⟩ Peter Perugin daß man sagen möchte eine ehrliche deutsche Haut.

Hätte doch das Glück Albert Dürern über die Alpen geführt. In München hab ich ein Paar Stücke von ihm von unglaublicher Großheit gesehn. Der arme Mann! statt seiner niederländischen Reise wo er den Papageyen einhandelte pp. Es ist mir unendlich rührend so ein armer Narr von Künstler, weil es im Grunde auch mein Schicksal ist, nur daß ich mir ein klein wenig beßer zu helfen weiß.

Der Phasanen Traum fängt an in Erfüllung zu gehn. Denn warrlich was ich auflade kann ich wohl mit dem köstlichsten Geflügel vergleichen, und die Entwicklung ahnd ich auch.

Im Pallast.   hab ich ein St. Agatha von Raphael gefunden, die wenn gleich nicht ganz wohl erhalten ein kostbares Bild ist.

⟨386⟩ Er hat ihr eine gesunde, sichre Jungfraulichkeit gegeben ohne Reitz, doch ohne Kälte und Roheit. Ich habe mir sie wohl gemerckt und werde diesem Ideal meine Iphigenie vorlesen und meine Heldinn nichts sagen laßen was diese Heilige nicht sagen könnte.

Von allem andern muß ich schweigen. Was sagt man als daß man über die unsinnigen Süjets endlich selbst Toll wird. Es ist als da sich die Kinder Gottes mit den Töchtern der Menschen vermählten da wurden Ungeheuer daraus. In dem der himmlische Sinn des Guido, ein Pinsel der nur das vollkommenste was in unsre Sinne fällt hätte mahlen sollen, dich anzieht, möchtest du die Augen von den abscheulichen, dummen, mit keinen Scheltworten der Welt genug zu erniedrigenden Gegenständen abwenden. ⟨387⟩ und so gehts durchaus.

Man ist immer auf der Anatomie, dem Rabenstein, dem Schindanger, immer L e i d e n des Helden nie H a n d l u n g . Nie ein gegenwärtig Interesse, immer etwas phantastisch erwartetes. Entweder Mißethäter oder Verzükte, Verbrecher oder Narren. Wo denn nun der Mahler um sich zu retten einen nackten Kerl, eine schöne Zuschauerinn herbeyschleppt. Und seine geistliche Helden als Gliedermänner tracktirt und ihnen recht schöne Faltenmäntel überwirft. Da ist nichts was nur einen Menschenbegriff gäbe. Unter 10 Süjets nicht eins das man hätte mahlen sollen und etwa das eine hat er nicht von der rechten Seite nehmen dürfen. Der große Guido p. ist alles was man mahlen, und alles was ⟨388 man⟩ unsinniges bestellen und von einem Mahler fordern kann es ist ein votives Bild, ich glaube der ganze Senat hat es gelobt und auch bestellt. Die beyden Engel die werth wären eine Psyche in ihrem Unglück trösten müßen hier Der Heil Prokulus der ein Soldat war ist eine schöne Figur, aber dann die andern Bischöffe und Pfaffen.

Unten sind himmlische Kinder die mit Attributen pp spielen.

Der Mahler dem das Messer an der Kehle sas suchte sich zu helfen wie er konnte um nur zu zeigen daß e r nicht der Barbar sey, sondern die Bezähler. Zwey nackte Figuren von Guido ein Johannes in der Wüsten ein Sebastian wie kostlich gemahlt und was sagen sie? der Eine sperrt das Maul auf und ⟨389⟩ der andre krümmt sich.

Wir wollen die Geschichte dazu nehmen und du wirst sehn der Aberglaube ist eigentlich wieder Herr über die Künste geworden und hat sie zu Grunde gerichtet. Aber nicht er allein, auch das Enge bedürfniß der neuern, der nördlichen Völcker. Denn auch Italien ist noch nördlich und die Römer waren auch nur Barbaren, die das schöne raubten, wie man ein schönes Weib raubt. Sie plünderten die Welt und brauchten doch griechische Schneider um sich die Lappen auf den Leib zu paßen.

Uberhaupt seh ich schon gar viel voraus.

Nur ein Wort! Wer die Geschichte so einer Granit Säule erzählen könnte, die erst in ⟨390⟩ Egy⟨p⟩ten zu einem Memphitischen Tempel zugehauen, dann nach Alexandrien geschlept wurde, ferner die Reise nach Rom machte, dort umgestürzt ward und nach Jahrhunderten wieder aufgerichtet und einem andern Gott zu Ehren zu rechte gestellt. O meine Liebe was ist das größt des Menschenthuns und treibens. Mir da ich ein Künstler bin, ist das liebste daran daß alles das dem Künstler Gelegenheit giebt zu zeigen was in ihm ist und unbekannte Harmonien aus den Tiefen der Existenz an das Tageslicht zu bringen.

Zwey Menschen denen ich das Beywort g r o ß ohnbedingt gebe, hab ich näher kennen lernen Palladio und Raphael. Es war an ihnen nicht ein Haarbreit w i l l k ü h r l i c h e s , nur ⟨391⟩ daß sie die Gränzen und Gesetze ihrer Kunst im Höchsten Grade kannten und mit Leichtigkeit sich darinnen bewegten, sie ausübten, macht sie so groß.

Gegen Abend war ich auf dem Thurm. Die Aussicht ist herrlich.

Gegend Norden sieht man die Paduanischen Berge dann die Schweitzer, Tyroler Friauler Gebirge, genug die ganze nördliche Kette, letztere diesmal im Nebel. Gegen Abend ein unbegränzter Horizont aus dem nur die thürme von Modena herausstechen, gegen Morgen eine gleiche Ebne bis ans Adriatische Meer das man Morgens sehen kann, gegen Mittag die Vorhügel der Apenninen bis an ihre Gipfel bepflanzt bewachsen, mit Kirchen, Pallästen Gartenhäusern besezt, so schön wie die Vicentinischen Berge. Es war ein ganz reiner Himmel kein Wölckgen, nur am Horizont ⟨392⟩ eine Art Höherauch. Der Thürmer sagte daß nun seit sechs Jahren dieser Nebel nicht aus der Gegend komme. Sonst habe er mit dem Sehrohr die Berge bey Vicenz genau mit ihren Hausgen u. s. w. unterscheiden konnen, jezt bey den hellsten Tagen nur selten, und der Nebel legt sich denn all an die nördliche Kette und macht unser liebes Vaterland zum wahren Zimmerien.

Er ließ mich auch die gesunde Lage und Lufft der Stadt daran bemercken, daß ihre Dächer wie neu aussehen und kein Ziegel durch Feuchtigkeit und Moos angegriffen ist. Es ist wahr sie sind alle rein, aber die Güte ihrer Ziegeln mag auch etwas dazu beytragen, wenigstens in alten Zeiten haben sie solche kostbar gebrannt.

⟨393⟩ Der hängende Thurn ist ein abscheulicher Anblick, man traut seinen Augen nicht und doch ist höchst wahrscheinlich daß er mit Absicht so gebaut worden. Er ist auch von Ziegeln, welches ein gar treffliches sichres Bauen ist, Kommen nun die Eisernen Bande dazu, so kann man freylich tolles Zeug machen.

Heut Abend ging ich nach dem Gebirg spazieren. Was das für schöne Liebliche Wege und Gegenstände sind. Mein Gemüth ward erfreut und ein wenig beruhigt. Ich will mich auch faßen und abwarten, Hab ich mich diese 30 Jahre geduldet, werd ich doch noch 14 tage überstehn.

Hundertfältig steigen die Geister der Geschichte aus dem Grabe, und zeigen mir ihre wahre Gestalt ⟨394⟩ Ich freue mich nun auf so manches zu lesen und zu überdencken, das mir in Ermanglung eines sinnlichen Begriffs unerträglich war.

Die Bologneser Sprache ist ein abscheulicher Dialeckt den ich hier gar nicht gesucht hätte. Rauh und abgebrochen pp Ich verstehe kein Wort wenn sie mit einander reden, das Venezianische ist mittagslicht dagegen.

Gute Nacht. Im Spazierengehn gedenck ich offt dein, und bey jeder guten Sache. Ich stelle mir s immer als möglich vor, dir das alles noch sehn zu laßen.

Indeß und biß ich wiederkomme nimm mit meiner Schreiberey vorlieb. Heut Abend hab ich mich beßer als die Vergangnen betragen. Gute Nacht.

⟨395⟩ d. 20 Abends.

Heute ein heitrer schöner Tag den ich ganz unter freyem Himmel zugebracht habe. Kaum nah ich mich wieder den Bergen; so hab ich dich auch von Mineralogie zu unterhalten.

Ich ritt nach Paterno wo der Bologneser Stein gefunden wird, der ein Gypsspat ist und nach der Calcination bey Nacht leuchtet.

Auf dem Wege fand ich schon ganze Felsen Frauen eis N o 2 zu Tage ausstehn, nachdem ich ein lettig sandiges Gebirg N o 1. hinter mir gelaßen hatte. Bey einer Ziegel hütte geht ein Wasserriß hinunter in den sich viele kleinere ergiesen und man glaubt erst es sey ein bloser aufgeschwemmter Leimenhügel der so vom Regen ausgewaschen sey. So viel aber hab ich von seiner Natur entdeckt.

⟨396⟩ Das Gebirg besteht aus einem an sich festen Gestein No 3 das aus feinschiefrigen Letten zusammengesetzt ist, und mit Gyps abwechselt. Das Lettige Gestein ist so innerlich mit Schwefelkies vermischt daß es wo Luft und Feuchtigkeit es berühren können ganz und gar verändert wird, es schwillt auf, die Schieferlagen verliehren sich ganz, es wird eine Art Letten der muschlich sich zerbröckelt, auf den Flächen glanzend ist wie Steinkohlen No 4. daß wenn man nicht an großen Stücken |: deren ich mehrere zerschlagen :| die beyden Gestalten des Steins sähe, man es kaum Glauben würde. Zugleich beschlagen die muschlichen Flächen mit weißen Punkten, manchmal sind ganze gelbe Partien drinne, endlich wenn Luft und Regen auf den äussern Theil wircken, wird dieser knotig ⟨397⟩ und bröcklich und das Gebirg sieht wie ein verwitternder Schwefel kies im Grosen aus.

Es finden sich unter den Lagen auch Härtere, Grüne, Rothe No 5. 6. - Schwefelkies hab ich in Nieren, und angeflogen am härteren Gestein gefunden No 7. Ob die Gypslager zwischen den Steinschichten auch phosphoresciren wäre eines Versuchs werth, ich bringe Stücke mit. 8 NB auch findet sich reiner Gypsspat 9. Eigentlich aber ist der Stein ein Gypsspat der in Holungen zu entstehn scheint. Das Lettengestein in seiner ersten Gestalt enthält keine, daher vermuthe ich daß der phosphor. Gyps spat erst entsteht wenn das Gestein sich anfängt aufzublähen und hier und da Hölungen läßt in diese dringt die in dem Gebirg befindliche aufgelöste Selenit Materie ⟨398⟩ und übersättigt sich mit den Schwefel theilen pp. Das alles wollen wir in der Folge beßer ausführen.

Ein Hauptkennzeichen ist die Schweere, die gleich auffällt.

Heute muß ich schließen ich hatte dir soviel zu sagen, was mir diesen frohen Tag durch den Kopf ging aber es scheint der Himmel erhört mich. Es ist ein Fuhrman da für Rom, und ich werde übermorgen fort gehn. Da muß ich Heute wohl nach meinen Sachen sehn und einiges weg arbeiten. Leb wohl. Heut war ein vollkomm schöner und froher Tag an dem mir nichts fehlte als du.

d. 21. Abends
Logano auf dem Apenninischen Gebirg.

Ich bin Heute noch aus Bologna getrieben worden, und jetzt hier in einem elenden Wirths hause in Gesellschafft eines wackern päbstlichen Offizirs, der nach Perugia seiner Vaterstadt geht, eines Engländers mit seiner sogenannten Schwester. Gute Nacht.

⟨399⟩ Den 22 Abends
Giredo.

Alles kleine Nester auf den Apenninen in denen ich mich recht glücklich fühle, wenn meine Gesellschafft besonders der englische Theil überall zu Klagen findet.

Die Apenninen sind mir ein merckwürdig Stück Welt. Wäre die Gebirgs art nicht zu s t e i l , wären sie nicht zu h o c h über der Meeres Fläche, und nicht so sonderbar v e r s c h l u n g e n daß Ebbe und Fluth vor Alten Zeiten m e h r und l ä n g e r hätten hereinwürcken, auch g r ö ß e r e Flächen überspülen können; so wäre es eins der schönsten Länder. In dem schönen Clima, etwas höher als das andre Land pp.

So aber ists ein seltsam Gewebe von Bergrücken gegen einander, wo man oft gar nicht absieht, wohin das Wasser seinen Ablauf hat. Wenn die Thäler besser ausgefüllt, die Flächen mehr glatt und überspült wären, würde es Böhmen zu vergleichen seyn nur ⟨400⟩ daß die Bergrücken auf alle Weise einen andern Charackter haben.

Du mußt dir also keine Bergwüste, sonders ein meist bebautes gebirgiges Land vorstellen durch das man reist. Castanien kommen hier sehr schön. Der Waitzen ist trefflich den sie hier bauen, und die Saat steht schon hübsch grün. Eichen mit kleinen Blättern |: ich dencke Stein Eichen :| stehn am Wege, und um die Kirchen, Capellen p schöne Cypressen.

Gestern Abend war das Wetter trübe heut ists wieder hell und schön.

Mit den Vetturinen ists eine leidige Fahrt, das beste daß man ihnen bequem zu Fuße folgen kann.

Mein Gesellschaffter ist mir von vielem Nutzen, ob ich gleich lieber, um an der Iphigenie zu arbeiten, allein wäre. Heute früh saß ich ganz still im Wagen und habe den Plan zu dem großen Gedicht der Ankunft des H e r r n , oder dem ewigen Juden recht ausge- ⟨401⟩ dacht. Wenn mir doch der Himmel nun Raum gäbe nach und nach das alles auszuarbeiten was ich im Sinne habe. Es ist unglaublich was mich diese acht Wochen auf Haupt und Grundbegriffe des Lebens so wohl, als der Kunst geführt haben.

Sagt ich dir schon daß ich einen Plan zu einem Trauerspiel Ulysses auf Phäa gemacht habe? Ein sonderbarer Gedancke, der vielleicht glücken könnte.

So muß denn Iphigenie mit nach Rom! Was wird aus dem Kindlein werden?

In Bologna hab ich noch so manches gesehn von dem ich schweige.

Einen Johannes und noch eine Heil Familie von Raphael und ein Paar Arbeiten von Guido und den Carrache die trefflich sind.

Ich traf eine Engländerinn an, die in eine Art Prophetenrock gehüllt, gar artig einen Guido kopirte. ⟨402⟩ Wie sehr wünscht ich dir die Freude ein gleiches zu thun.

Einige Köpfe von dem Spanier Velasquetz sind Hier. Er ist weit gekommen. Einen guten Gedancken hab ich an einer Statue einer Andromeda gesehn. Sie steht mit in die Höhe gebundnen Händen fast auf den Fußspitzen und der Künstler um der Figur einen Halt zu geben läßt einen kleinen Amor neben ihr knien der sie mit der linken Hand um den Fuß faßt und mit der rechten einen Pfeil auf das Ungeheuer |: das natürlich nur gegenwärtig supponirt ist :| werfen will. Der Gedancke hat mir wohl gefallen, er ist einfach und gratios und im Grund nur ein mechanisches hülfsmittel die Statue stehen zu machen. Gute Nacht. Es ist kalt und ich bin müde. Gute Nacht! Wann werd ich dir dies Wort wieder mündlich zurufen!

⟨403⟩ d. 25. Abends
Perugia.

Zwey Abende hab ich nicht geschrieben es war nicht möglich, unsre Herbergen waren so schlecht, daß an kein auslegen eines Blats zu dencken war. Es bleibt mir viel zurück. Indeß wird auf alle Fälle die zweyte Epoche meiner Reise von Venedig auf Rom weniger reichhaltig aus mehr als Einer Ursache.

d. 23 früh unsrer Uhr um 10 kamen wir aus den Apeninen hervor und sahen Florenz liegen, in einem weiten Thal das unglaublich bebaut und in's unendliche mit Häusern und Villen besät ist.

Von der Stadt sag ich nichts die ist unzählichmal beschrieben. Den Lustgarten Bovoli, der gar köstlich liegt hab ich nur durchlaufen, so den Dom, das Batisterium, an dene beyden Gebäuden der Menschenwitz sich nicht erschöpft hat.

⟨404⟩ Der Stadt sieht man den Reichthum an der sie erbaut hat und eine Folge von glücklichen Regierungen.

Uberhaupt fällt es auf wie in Toscana gleich die öffentlichen Wercke als Wege Brücken für ein schönes grandioses Ansehn haben, das ist alles wie ein Puppenschrank.

Was ich neulich von den Apeninen sagte was sie seyn könnten das ist Toskana. Weil es soviel tiefer lag, hat das alte Meer recht seine Schuldigkeit gethan und tiefen Leim Boden aufgehäuft, er ist hellgelb und sehr leicht zu bearbeiten sie pflügen tief aber noch recht auf die ursprüngliche Art. Ihr Pflug hat keine Räder, und die Pflugschaar ist nicht beweglich, so schleppt sich der Bauer hinter seinen Ochsen gebückt her, und wühlt die Erde auf. Es wird bis fünfmal gepflügt. Wenig und nur ⟨405⟩ sehr leichten Dünger hab ich gesehn und den streuen sie mit den Händen. Wahre Kinder der Natur wie wir bey Schilderung ihres Caracktcrs noch mehr sehen werden. Zulezt säen sie den Waitzen und dann häufen sie schmale Solteln auf und dazwischen tiefe Furchen, alle so gerichtet daß das Regenwaße⟨r⟩ ablaufen muß. Die Frucht wächst nun in die Höhe auf den Solteln. In den Furchen gehn sie sodann her wenn sie gäten. Ich begreif es noch nicht ganz warum sie so viel Raum liegen laßen. An einigen Orten wohl wo sie Näße zu fürchten haben, aber auf den schönsten Gebreiten thun sies. Gründlich bin ich noch nicht unterrichtet.

⟨406⟩ Bey Arezzo thut sich eine gar herrliche Plaine auf, wo ich eben das gedachte Feld und die Arten es zu bebauen bemerckte.

Reiner kann man kein Feld sehn, keinen Erdschollen, alles klar. Aber man sieht auch nirgend ein untergeackert Stroh der Waitzen gedeiht aber schön. und es ist seiner Natur gemäß. Das zweyte Jahr bauen sie Bohnen für die Pferde, die hier keinen Haber kriegen. Es werden auch Lupinen gesät die jezt schon schöne grün stehn und im Merz Früchte bringen. So auch ist der

Lein schon gesät und gekeimt, er bleibt den Winter über und wird nur durch den Frost dauerhafter unsre Winter sollte er nicht aushalten.

Die Oelbäume sind wunderliche Pflanzen. Sie sehen alt fast ⟨407⟩ wie Weiden aus, sie verlieren auch den Splint und die Rinde geht auseinander. Aber sie hat gleich ein festeres marckigeres Ansehn. Man sieht dem Holze an daß es sehr langsam Wächst, und daß es unsäglich durchgearbeitet ist.

Das Blat ist auch weidenartig nur weniger Blätter am Zweige. Um Florenz, an den Bergen, ist alles mit Oelbäumen und Weinstöcken bepflanzt und dazwischen wird das Erdreich zu Körnern benutzt. Bey Arezzo und so weiter läßt man die Felder freyer.

Ich finde daß man dem Epheu nicht genug wehrt, der die Oelbäume wie andre Bäume auszehrt. das doch ein leichtes wäre. Wiesen sieht man gar nicht.

Man sagt das türckische Korn, seit es eingeführt worden, zehre das Erdreich sehr aus. Ich glaube wohl bey dem geringen Dünger. ⟨408⟩ Das nehm ich alles nur so im Vorbeyfahren mit und freue mich denn doch das schöne Land zu sehn wenn gleich die Unbequemlichkeiten gros sind.

Ich fahre fort sorgfältig das Land für sich, eben so seine Einwohner, die Cultur, das Verhältniß der Einwohner unter einander und zuletzt mich den Fremden und was und wie es den wird zu betrachten.

Hier fällt mir ein daß ich die Toskanische D o g a n E i n r i c h t u n g als schön und zweckmäsig loben muß, ob sie mich gleich incommodirt hat, und die anderen die mich nicht incommodirt haben taugen nichts.

Mein Reisegefährte ein Graf Casare von hier eine recht gute Art Menschen, auch ein rechter Italiäner.

Da ich oft still und nachdencklich ⟨409⟩ war; sagte er einmal: che pensa? non deve mai pensar l'vomo, pensando s'invecchia und nach einigem Gespräch: non deve fermarsi l'huomo in una sola cosa, perche allora divien matto, bisogna aver mille cose, una confusion nella testa.

Was sagst du zu meinem Philosophen und wie glaubst du daß ich, der alte Mambres, toujours faisant de profondes reflexions, gelächelt habe.

Heute abend haben wir Abschied genommen, mit der Versichrung daß ich ihn in Bologna, wo er im Quartier steht, auf meiner Rückreise besuchen wolle.

Ich schreibe nur so hin, es ist kalt und drausen am Camin essen Kaufleute von Fuligno, ich gehe von Zeit zu Zeit mich wärmen.

⟨410⟩ Auch hier ist allerley zu sehen das ich liegen laße, eh ich nach Rom komme mag ich die Augen nicht aufthun, das Herz nicht erheben. Ich habe noch drey Tage hin und es ist mir noch als wenn ich nie hinkäme.

|: Hier ein Paar Anmerckungen die weiter hervor gehören.

Der Wein will magre Nahrung an Bergen und viel Sonne haben in der Plaine wird er zu schweer. Die Feuchtigkeit die zu dringt kann nicht genug ausgekocht werden es giebt einen ungeschlachten Trank.

Bey Ferrara hab ich gesehen daß sie die Chausseen mit zerschlagnen Ziegelstücken überführen das thut recht gut und die alten Ziegeln die zu nichts nutze sind werden zu was gebraucht. Auch Garten wege zu machen sind sie gar ⟨411⟩ gut so bald ich nach Hause komme will ich Versuche in beyden machen :|

Toskana scheint mir gut regiert, es hat alles so ein g a n z e s Ansehn. Es ist alles fertig und zum Nutzen und einem edlen Gebrauch.

Auf der Rückkehr wollen wirs näher ansehn.

Der Staat des Pabsts scheint sich zu erhalten weil er nicht untergehn kann.

Der See von Perugia ist ein schöner Anblick. Recht sehnlich wünsch ich mir jemanden von den meinigen an die Seite. Was ist der Herzog unglücklich daß andre Leidenschafften ihn von einer solchen Reise abhalten die er mit Bequemlichkeit und Freude machen könnte.

Wenn ich diese Reise noch einmal machte wüßt ich s auch nun beßer. Denn ⟨412⟩ mit dem verschiednen Gelde, den Preisen, den Vetturinen, den schlechten Wirthshäusern ist es eine tag tägliche Noth, daß einer der zum erstenmal wie ich allein geht und ununterbrochnen Genuß suchte und hoffte unglücklich genug sich finden müßte. Ich habe nichts gewollt als das Land sehn auf welche Kosten es wolle und wenn sie mich auf Ixions Rad nach Rom bringen; so bin ich's zufrieden. Wenn ich Tischbein gesprochen habe dann schildre ich die Italiäner überhaupt wie ich sie gesehn habe. Du magsts dann mit andern Schilderungen zu sammen halten.

Ich sudle erstaunlich verzeih es der Kälte und der Unbequemlichkeit meines Schreibtisches. Ich habe d i r soviel gedacht diese zwey tage daß ich ⟨413⟩ wenigstens etwas zu Papier bringen möchte.

Wenn man die erste poetische Idee daß die Menschen meist unter freyem Himmel lebten und sich nur manchmal aus Noth in Hölen retirirten noch realisirt sehn will; so muß man die Gebäude hier herum besonders auf dem Lande ansehn. Ganz im Sinn und Geschmack der Hölen.

Eine unglaubliche Sorglosigkeit haben sie per non invecchiarsi. So muß ich dir einmal eine Beschreibung eines Vetturin Fuhrwerckes machen und seine Genealogie wie ich mir sie ausgedacht habe, und es fällt keinem Menschen ein, diese Art Fuhrwerck zweckmäsiger, Menschen und Thiren bequemer und ihrem Besitzer vortheilhafter ⟨414⟩ zu machen, und es kommt auf eine Kleinigkeit an, die sich in jedem andren lande vor funfzig Jahren gefunden hätte.

Nun Gute Nacht. Es geht nicht weiter. Ich bin dir herzlich zugethan und sehne mich recht zu dir; schon fängt mich der Schnee an zu ängstigen der sich bald mit Macht zwischen uns legen wird.

Gute Nacht.

d. 26 Abends

Ich hatte heute Abend ein unaussprechliches Verlangen dir zu schreiben und kann es nicht befriedigen.
Ich bin in

Fuligno.

völlig in einer Homerischen Haushaltung, wo alles um ein Feuer in einer grosen Halle versammelt ist und schreyt, larmt, an langen Tischen speist, wie die Hochzeit von ⟨415⟩ Cana gemahlt wird. Ich ergreiffe die Gelegenheit da einer ein Dintenfaß hohlen läßt dir schnell auch etwas zu sagen.

In Perugia hab ich nichts gesehn, aus Zufall und Schuld. Die Lage der Stadt ist schön und mir wohl eingedrückt.

Der Weg ging erst hinab, dann nach einem schönem auf beyden Seiten in der Ferne eingefaßten Thal hin. Endlich sahen wir Assissi liegen. Mein Volckmann sagte mir von der Maria della M i n e r w a , ich stieg bey Madonna del Angelo aus und lies meinen Vetturin nach Fuligno seinen Weg machen ich stieg unter einem starcken Wind, nach Assisi hinauf. Il Gran Convento und den geehrten .. geheiligten Galgenberg lies ich links liegen, sah des Heil. Franziskus Grabstäte ⟨416⟩ nicht, ich wollte mir Wie der Cardinal Bembo die Immagination nicht verderben, sondern fragte einen hübschen Jungen nach der Maria della Minerwa. Er ging mit mir und wir mußten die ganze Stadt hinaufsteigen die an einem Berge gebaut ist. Endlich kamen wir in die eigentliche alte Stadt auf den Markt, und siehe das schöne heilige Werk stand da. Das erste der alten Zeit das ich sah. Ein so bescheidner Tempel wie er sich für eine kleine Stadt schickte, und doch so g a n z und so gedacht wie er überall stehn dürfte.

Und nicht der Tempel allein, laß dir ihn Volckmann beschreiben. sondern seine Stellung.

Seitdem ich Vitruv und Palladio gelesen haben wie man Städte ⟨417⟩ bauen und Tempel pp stellen müßte hab ich einen großen Respeckt für diesen Dingen.

So natürlich und so groß im natürlichen.

Ers⟨t⟩lich steht er auf der schönsten Höhe des Bergs auf dem Plaz der noch iezt der P l a t z ist es kommen eben zwey Hügel zusammen der Plaz selbst steigt ein wenig und es kommen vir Strasen zusamm die ein sehr gedrüktes Andreas kreuz machen. Zwey Strasen von unten herauf, zwey von oben herunter. Wahrscheinl standen zur alten Zeit die Häuser gegen dem tempel über nicht, er ist grade gegen Mittag gerichtet und hatte wenn man sich die Häuser wegdenkt die schönste ⟨418⟩ Aussicht. Die Strasen müßen schon von Alters gewesen seyn, mehr oder weniger, denn sie folgen aus der Lage des Bergs. Nun begriff ich nicht recht, warum der Tempel nicht in der Mitte der Platzes Seite steht, endlich fand ich's.

Die Straße die von Rom herauf kommt war schon gebaut, wie ich vermuthe, und der Baumeister richtete den Tempel so daß er von der Straße aus sichtbar wurde, nicht ganz gerade sondern von der Seite.

Ich will |: wills Gott :| einen kleinen Riß machen daß es deutlich werde. Am Tempel |: der Facade versteht sich :| hab ich die größte Freude gehabt. habe meine Ideen und Grund- ⟨419⟩ sätze bestärckt zu sehn.

Sie ist Corinthischer Ordnung die Säulenweiten dem Augenmas nach etwas über zwey Model. Die Säulen haben ihre Füse und über dies Würfel. sodann Piedestale aber die Piedestalle sind eigentlich der durchschnittne des Sockels, den 5 Treppen gehn zwischen den Säulen hinauf. F ü n f weil die alten die Stufen ungleich machten. Unterhalb gingen noch mehr Stufen nieder, die ich nicht beobachten konnte, weil sie theils verschüttet, theils mit Pflaster Steinen belegt waren. Dieser Art den Sockel zu zerschneiden und die Treppen hinauf zu bringen ⟨420⟩ hab ich nie gebilligt, hier aber wird es recht, denn die Enge des Platzes zwang den Architeckten mit den treppen hinein zu gehn. So kann uns das beste Kupfer nicht lehren wie die Gegenwart.

|: Sie lärmen mir so entsetzlich um die Ohren daß ich faßt nicht fortschreiben kann :|

Dieses ist eben der alten Künstler Wesen das ich nun mehr anmuthe als jemals, daß sie wie die Natur sich überall zu finden wußten und doch etwas wahres etwas lebendiges hervorzubringen wußten.

⟨421⟩ Nachher hab ich einen herrlichen Abend gehabt ich bin von Assissi nach Foligno zu Fuß gegangen und habe mich nur mit d i r unterhalten, nun lärmen mir die Italianer die Ohren so voll daß ich nichts sagen kann.

Da ich die armen Bauern auch hier so mit Mühseligkeit die Steine umwenden sah dacht ich an dein Kochberg und sagte recht mit innerlichen Herzens trähnen: wann werd ich einmal wieder in Kochberg einen schönen Abend mit ihr feyern? Ich sage dir meine liebe wenn sie nur hier das Clima nicht vor- ⟨422⟩ aus hätten!

Mit dem unglaublichen Leichtsinn sich nicht auf den Winter vorzubereiten leiden sie wie die Hunde. Wir wolltens besser machen.

Gute Nacht meine Liebe.

Der Larm hört auf, ich habe sie ausgedauert. Aber auch ich bin müde.

Mein Abend spazirgang war gar schön. Vier volle Stunden an einem Berg hin rechts ein schön bebautes Thal.

Ich komme mit dem Volcke recht gut fort und mit einem einzigen Jahr Pracktick und mit einem mäsigen Gelde wollt ich hier oben auf seyn. Aber es ist nicht der Mühe und der Existenz werth.

⟨423⟩ Wenn ich so dencke heut ist Donnerstag und den nächsten Sonntag wirst du in Rom schlafen nach dreysig Jahren Wunsch und Hofnung. Es ist ein närrisch Ding der Mensch. Verzeih mir der Wind zieht durch die Fenster ich sudle nur so fort. Gute Nacht.

d 27. Abends.
Terni.

Wieder in einer Höle sitzend, die vor einem Jahre vom Erdbeben gelitten, wend ich mein Gebet zu dir mein lieber Schutzgeist.

Wie verwöhnt ich bin fühl ich erst jetzt. Zehn Jahre mit dir zu leben von dir geliebt zu seyn und nun in einer fremden Welt. Ich sagte mir's voraus und nur die höchste Nothwendigkeit konnte mich zwingen den Entschluß zu faßen. Laß uns keinen andern Gedancken haben als unser Leben miteinander zu endigen.

⟨424⟩ Terni liegt in einer köstlichen Gegend, die ich diesen Abend von einem Spazirgange um die Stadt mit Freude beschaute. Ein Priester ist seit Perugia, da mich der Graf Cesare verlassen mein Gefährte. Dadurch daß ich immer wieder unter neue Menschen komme, erreiche ich sehr meine Absicht und ich versichre dich man muß sie nur unter einander reden hören was das einem für ein lebendig Bild des ganzen Landes giebt. Sie haben unter einander einen so sonderbaren National und S t a d t Eifer, können sich alle einander nicht leiden, die Stände sind im ewigen Streit und das alles mit immer lebhafter gegenwärtiger Leidenschafft, daß sie einem den ganzen Tag Comödie geben und sich blos stellen.

Spoleto hab ich bestiegen und war auf dem Aquedukt der zugleich Brücke von einem Berg zum andern ist.

Die zehen Bogen die das Thal füllen, stehn, von Backsteinen ihre Jahrhunderte ⟨425⟩ so ruhig da und das Wasser quillt noch immer in Spoleto an allen Orten und Enden. Das ist nun das dritte Werck der Alten das ich sehe, und wieder so schön natürlich, zweckmäsig und wahr. Diesen grosen Sinn den sie gehabt haben! - Es mag gut seyn wir wollen mehr davon sprechen. - So verhaßt waren mir immer die Willkührlichkeiten. Der Winter kasten auf Weisenstein, ein Nichts um Nichts, ein ungeheurer Confekt Aufsaz und so mit Tausend andern Dingen. Was nicht eine wahre innre Existenz hat, hat kein Leben und kann nicht lebendig gemacht werden, und kann nicht gros seyn und nicht gros werden.

Die nächsten vier Wochen werden mir voller Freuden und Mühe seyn, ich will aufpacken was ich kann. Das bin ich gewiß und kann es sagen noch keine falsche Idee hab ich auf- ⟨426⟩ gepackt. Es scheint arrogant, aber ich weiß es, und weiß was es mich kostet nur das Wahre zu nehmen und zu fassen.

St. Crucifisso halt ich nicht eigentlich für ein Uberbleibsel eines Tempels. |: das heist eines Tempels der s o stand :| sondern man hat Säulen Pfeiler, Gebälcke gefunden und zusammengeflickt nicht dumm aber toll. Eine Beschreibung wäre zu weitläufig und ists nicht werth.

Die Römische Geschichte wird mir als wenn ich dabey gewesen wäre. Wie will ich sie studiren wenn ich zurückkomme, da ich nun die Städte und Berge und Thäler kenne. Unendlich interessant aber werden mir die alten Etrurier. In Fuligno konnt ich das Gemälde Raphaels nicht sehn es war Nacht, hier die Wasserfälle nicht es war bald Nacht. Bey meiner ersten kur- ⟨427⟩ sorischen Lesung Italiens muß und kann ich nicht alles mit nehmen. Rom! Rom! - Ich ziehe mich gar nicht mehr aus um früh gleich bey der Hand zu seyn. Noch zwey Nächte! und wenn uns der Engel des Herrn nicht auf dem Wege schlägt; sind wir da.

Da ich auf die Apeninen von Bologna herauf kam, zogen die Wolcken noch immer nach Norden. Zum ersten sah ich sie gegen Mittag nach dem See von Perugia ziehen und h i e r bleiben sie auch hängen, ziehn auch gegen Mittag. Das alles trifft mit meiner Hypothese recht gut überein. Und statt daß die grose Plaine des Po den Sommer alle Woklen nach dem Tyroler Gebirg schickt; so schickt sie jetzt einen Theil nach den Apeninen im Winter mehr |: die übrigen Wolcken bleiben auch hangen :|, daher die Regenzeit.

⟨428⟩ Das Gebirg ist sich bis hierher immer mit wenigen

Abweichungen gleich. Immer der alte Kalck, dessen Flötz Lagen auf diesen letzten Stationen immer sichtbarer wurden.

Trevi liegt am Anfang einer schönen Plaine zwischen Bergen, alles ist noch Kalck, nichts Vulkanisches hab ich spüren können. Liegt aber eben wie Bologna drüben, so hüben an einem Ende. Vielleicht wird uns morgen etwas vorkommen. Volkm. sagts.

Die Oliven fangen sie nun an abzulesen, sie thun es hier mit den Händen, an andern Orten schlagen sie sie.

Wenn sie der Winter übereilt bleiben die übrigen biß gegen das Frühjahr hängen. Heute hab ich auf sehr steinigem Boden die größten Ältsten Bäume gesehen.

⟨429⟩ Heute früh ging ein recht kalter Wind, Abends war es wieder schön und wird morgen heiter seyn. Gute Nacht meine Liebste. Ich hoffe du hast nun meinen Brief von Venedig.

Citta Castellana.
d. 28 Oktbr.

Den letzten Abend will ich nicht fehlen, es ist noch nicht acht Uhr und alles ist zu Bette. Fast wär ich dem bösen Exempel gefolgt.

Heute war ein ganz heitrer herrlicher Tag, der Morgen sehr kalt, der Tag klar und warm, der Abend etwas windig aber schön.

Von Terni fuhren wir sehr früh aus. Da ich angekleidet schlafe weiß ich mir nun nichts hübschers als des Morgens vor Tag aufgeweckt zu werden, mich in den Wagen zu setzen und zwischen Schlaf und Wachen, dem Tag entgegen zu fahren. Heute hat mich die Muse wieder mit einer guten Erfindung beglückt.

⟨430⟩ Narni stiegen wir hinauf eh es Tag war, die Brücke hab ich nicht gesehn. Von da Thäler und Tiefen, Nähen und Fernen köstliche Gegenden, alles Kalckgebirg auch nicht eine Spur von einem andern Gestein.

Otrikoli liegt auf einem von der Tyber ehmals zusammengeschlemmten Kieshügel und ist von Laven gebaut die ienseits des Flußes hergehohlt sind.

Sobald man über die Brücke pag. hinüber ist, spürt man schon das vulkanische Terrain. Man steigt einen Berg hinauf der aus grauer Lava besteht, mit weißen sogenannten Granaten.

Die Chaussee die von der Höhe nach Citta Castellana geht, ist von eben dieser Lava, schön glatt gefahren, das ganze Terrain ist nun Vulkanisch.

⟨431⟩ Die Stadt steht auf vulkanischem Tuff, der wie gewöhnlich aus Aschen, Bimssteinen Lavastücken besteht, in der Nähe der Stadt hab ich iene Lava nicht wieder gesehn.

Vom Schloß ist die Aussicht schön. Der Berg S. Oreste |: Sorakte :| ist ein von den Apenninen abstehender |: meiner Überzeugung nach :| Kalckberg an dem und um den die Vulkanischen Feuer gewütet haben. Die Vulck. Strecken sind viel niedriger als die Apenninen und nur das durch reisende Wasser hat sie zu Bergen und Felsen gemacht, da sind aber schöne Gegenstände, überhängende Klippen pp

Nun gute Nacht. Morgen Abend in Rom. Nachher hab ich nichts mehr zu wünschen als dich und die wenigen meinigen gesund wieder zu sehn.

⟨432⟩ Rom d 29 Oktbr. Abends

Mein zweytes Wort soll an dich gerichtet seyn, nachdem ich dem Himmel herzlich gedankt habe daß er mich hierher gebracht hat.

Ich kann nun nichts sagen als ich bin hier, ich habe nach Tischbeinen geschickt

---

Nachts.

Tischbein war bey mir. Ein köstlich guter Mensch. Ich fange nun erst an zu leben, und verehre meinen Genius.

Morgen mehr.

d. 30 Nachts.

Nur ein Wort nach einem sehr reichen Tage! Ich habe die wichtigsten Ruinen des alten Roms Heute früh, heut Abend die Peterskirche gesehen und bin nun initiirt.

Ich bin zu Tischbein gezogen und habe nun auch Ruhe von allem Wirthshaus und Reiseleben. Lebe Wohl.

⟨433⟩ d. 12 Decemb. 86.

In Hoffnung daß endlich das Venetianische Packet angekommen seyn wird, schick ich auch dieses Stück fort und wünsche daß es dir zur guten Stunde kommen und mich in deine Nähe bringen möge. Seit ich in Rom bin hab ich nichts aufgeschrieben als was ich dir von Zeit zu Zeit geschickt habe. Denn da läßt sich nichts sagen, man hat nur genug erst zu sehen und zu horen. Man muß recht zum Schüler werden, wenn man einigen Vortheile von dem Aufenthalte haben will. Lebe wohl. Da ich nun Rom gesehen habe, will ich das übrige Gute in der Nähe und auf dem Weg noch danckbar mitnehmen und dann meinem liebsten Wunsche, mit dir zu seyn, wieder entgegen gehn. Lebe wohl. Grüße die Deinigen

G.

⟨435⟩

50. Verschiedne Arten Kalcksteine auf den Apenninen abgeschlagen.
51. Art Travertin bey Terni auf einem ganz Vulkanischen Boden gefunden, wahrscheinlich von einem Gebaüde.
52 Kalckstein mit Eisen von den Apenninen.
53. Granit auf den Apenninen. von einem losen Stück abgeschlagen.
54. Lava mit weißen Granaten. Gleich über der Tyber Brücke von Otrikoli nach Citta Castellana.

Vergleichungs Kreis der italiänischen und teutschen Uhr auch der ital. Zeiger für die zweyte Hälfte des Septembers.

Mittag

Mitternacht.

Die Nacht wächst mit jedem halben Monat eine halbe Stunde.

Monat.	Tag.	Wird Nacht nach unserem Zeiger	ist Mittern. alsdann um
Aug.	1.	8½	3½
--	15.	8.	4.
Sept.	1.	7½	4½
--	15.	7.	5.
Octb.	1.	6½	5½
--	15.	6.	6.
Nov.	1.	5½	6½
--	15.	5.	7.

Von da an bleibt die Zeit stehen und ist

	Nacht.	Mitternacht.
Dezemb / Januar	5.	7.

Der Tag wächst m. jed. halb. M. eine halbe Stunde

Monat.	Tag.	Wird Nacht nach unserem Zeiger	ist Mittern. al⟨s⟩dann um
Febr	1.	5½	6½
--	15.	6.	6.
März	1.	6½	5½
--	15.	7.	5.
Apr.	1.	7½	4½
--	15.	8.	4.
May	1.	8½	3½
--	15.	9.	3.

Von da bleibt die Zeit stehen und ist

	Nacht.	Mitternacht.
Juni / Juli	9.	3.

Impressum

Gestaltung (Beiheft):
Büro Hartmut Brückner, Bremen
Satzherstellung (Beiheft):
Kleineidam GmbH & Co. KG, Verden
Fotografische Reproduktion:
Oschatz Visuelle Medien, Wiesbaden
Lithoherstellung:
Saase + Heller Reprotechnik, Ingelheim
Papier:
Geese-Spezial-Offset
Schrift:
Walbaum
Gesamtherstellung:
Kunze und Partner, Mainz
Verlag:
Verlag Philipp von Zabern, Mainz 1997

Faksimile-Band:
440 Seiten mit zwei Einlegeblättern
Begleitband:
152 Seiten
ISBN 3-8053-2001-9